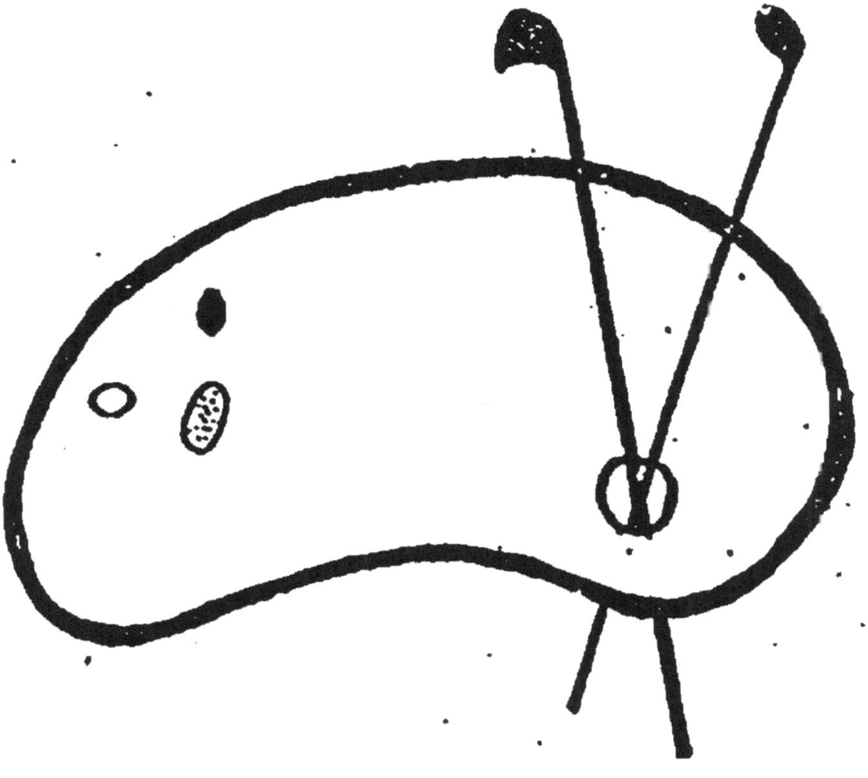

DEBUT D'UNE SERIE DE DOCUMENTS
EN COULEUR

PIERRE BAUDIN

LA
DISPUTE FRANÇAISE

PARIS
BIBLIOTHÈQUE-CHARPENTIER
EUGÈNE FASQUELLE, ÉDITEUR
11, RUE DE GRENELLE, 11

1910

Extrait du Catalogue de la BIBLIOTHÈQUE-CHARPENTIER
à 3 fr. 50 le volume
EUGÈNE FASQUELLE, ÉDITEUR, 11, RUE DE GRENELLE

ÉCONOMIE POLITIQUE & SOCIALE

PIERRE BAUDIN
La Politique réaliste à l'extérieur..................................... 1 vol.

LÉON BOURGEOIS
Pour la Société des Nations .... 1 vol.

ARISTIDE BRIAND
La Séparation.. 2 vol.

GEORGES CLEMENCEAU
La Mêlée sociale .... 1 vol.

PAUL DESCHANEL
L'Organisation de la Démocratie.................................... 1 vol.
Hors des Frontières... 1 vol.

EUGÈNE FOURNIÈRE
La Crise socialiste... 1 vol.

LÉON GAMBETTA
Discours et Plaidoyers choisis.. 1 vol.

YVES GUYOT
Les Conflits du travail et leur solution............................ 1 vol.

HENRY LEYRET
La République et les Politiciens...................................... 1 vol.

PAUL LOUIS
L'Avenir du Socialisme.. 1 vol.

A. MILLERAND
Travail et Travailleurs.. 1 vol.

FRÉDÉRIC PASSY
Pour la Paix (Notes et Documents).................................. 1 vol.

RAYMOND POINCARÉ
Idées contemporaines.. 1 vol.
Questions et figures politiques.. 1 vol.

GEORGES TROUILLOT
Pour l'Idée laïque.. 1 vol.

WALDECK-ROUSSEAU
Questions sociales... 1 vol.
Associations et Congrégations....................................... 1 vol.
La Défense républicaine.. 1 vol.
Action républicaine et sociale.. 1 vol.
Politique française et étrangère...................................... 1 vol.
Pour la République.. 1 vol.
L'État et la Liberté.. 2 vol.

RENÉ WALLIER
Le Vingtième siècle politique (1901 à 1907)..................... 7 vol.

ALEXANDRE ZÉVAÈS
Le Socialisme en France depuis 1871.............................. 1 vol.

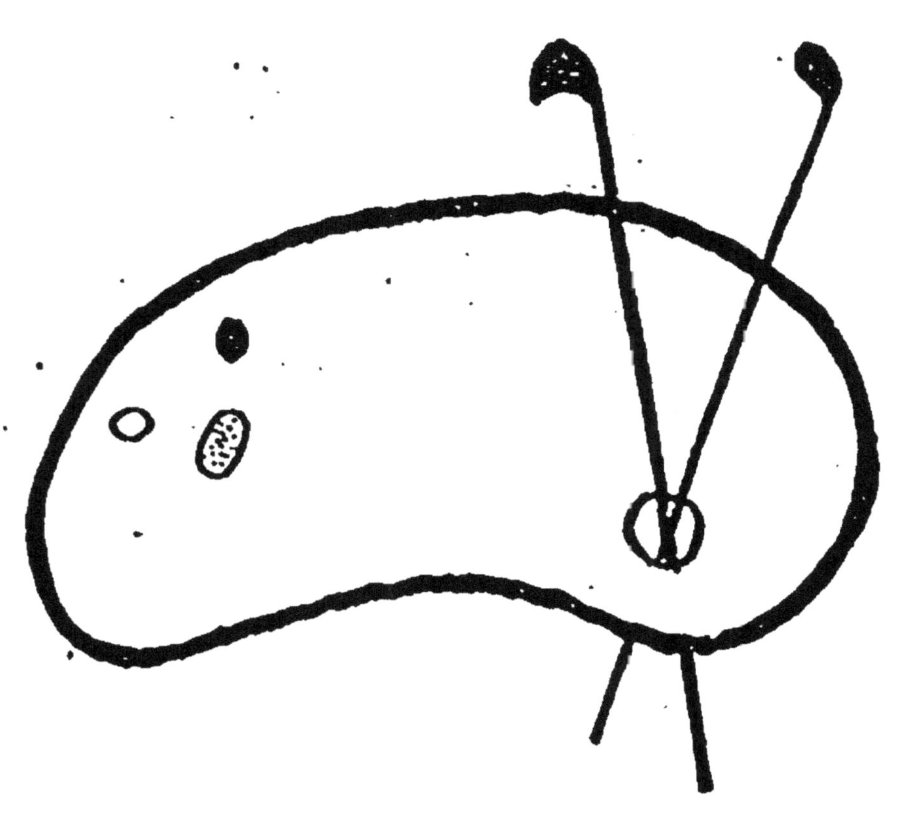

FIN D'UNE SERIE DE DOCUMENTS
EN COULEUR

LA
DISPUTE FRANÇAISE

PIERRE BAUDIN

LA
DISPUTE FRANÇAISE

PARIS
BIBLIOTHÈQUE-CHARPENTIER
EUGÈNE FASQUELLE, ÉDITEUR
11, RUE DE GRENELLE, 11

1910

LA DISPUTE FRANÇAISE

Nous avons du goût pour l'exceptionnel et il nous plaît de croire que nous sommes encore capables d'étonner le monde. De fait sa curiosité ne se lasse pas de nous suivre. Elle s'accompagne de sentiments divers. Les uns nous regardent à travers un parti-pris de dénigrement visible, les autres avec une très fidèle sympathie. Les uns se refusent à nous comprendre, les autres s'y efforcent sans y réussir toujours. Cependant notre pays n'est pas seul tourmenté par la fermentation des idées et des intérêts. Les forces démocratiques agissent partout. Elles ne laissent aucune société en repos. Elles assiègent les gouvernements; elles se glissent au cœur des places fortes où se retranchent la tradition et le conservatisme. Dût notre orgueil souffrir de cet aveu, nous n'avons pas le monopole des agitations, des hardiesses, des débats passionnés, des expériences aventureuses, des désordres et des émeutes.

Le monde semble perdre quelque chose de sa variété. L'Europe tout entière tend à unifier ses institutions fondamentales suivant le programme de la Révolution française. Le peuple qui la combattit avec le plus d'acharnement et crut l'avoir définitivement mise à mort à Waterloo languit aujourd'hui dans le conflit qu'elle a soulevé de la noblesse héréditaire avec la bourgeoisie. L'Allemagne entrevoit la limite de sa docilité à l'impérialisme et à la royauté de droit divin.

Voici l'Espagne engagée dans le défilé où nul ne peut s'arrêter et qui n'a que deux issues, l'une la soumission absolue à l'Église, l'autre l'émancipation totale de la conscience nationale.

La Russie est dans l'enfantement douloureux des libertés constitutionnelles. Les pays neufs, comme l'Argentine, riches avant que d'être peuplés, et dont l'immensité offre encore aux plus libres entreprises un champ illimité, connaissent déjà les crises sociales, et voient prématurément s'ouvrir l'ère des réformes travaillistes.

La Chine elle-même pense à s'adapter les formes de la civilisation européenne qui ont si longtemps répugné à sa philosophie constitutionnelle et à sa hiérarchie savante.

Ainsi la loi du nivellement semble s'imposer aux races les plus diverses.

Tel est du moins l'aspect « à vol d'oiseau » du monde moderne. Mais si on l'observe de plus près, on s'aperçoit que des peuples parents et qui ne sont séparés que par une fragile frontière diplomatique élaborent des synthèses sociales et politiques très différentes. Différents les aspects sous lesquels leur état de santé se manifeste; différents les troubles que provoquent les toxines qui émanent de chaque organisme national sous l'influence des névroses, des excitations cérébrales, des excès de fortune ou de misère.

L'unité « nation » acquiert au cours des changements les plus remarquables une force plus représentative et plus réelle. C'est même à ces changements qu'elle demande un accroissement de puissance. La guerre l'a parfois affaiblie. La paix a travaillé pour elle.

Les institutions militaires se calquent les unes sur les autres. Plus nous allons, plus les armées se ressemblent. Les armes et les procédés de

combat ont toujours été à peu près identiques
dans les guerres entre deux peuples voisins. Ils
différaient au moins selon l'écartement des lon-
gitudes ou des latitudes.

Aujourd'hui il n'y a plus que les peuplades
du centre de l'Afrique qui ignorent tout à fait
la tactique napoléonienne. Encore ont-elles en
mains nos fusils à répétition.

Mais les procédés suivant lesquels les nations
civilisées résolvent les difficiles problèmes de la
société démocratique varient et varieront à l'in-
fini.

Le jour où les hommes pourront s'adonner
aux joies de la fraternité, ils connaîtront encore
mieux qu'aujourd'hui les raisons de leur séparation, de leur particularisme même. S'il leur fallait mettre entre leurs institutions, je ne dis pas
une certaine unité, ce qui serait impossible, mais
un peu d'harmonie, ils y éprouveraient une difficulté extrême. Le monde s'unifiera-t-il jamais
au même degré que les provinces qui se sont
réunies pour former une nation? La tâche sera
rude pour nous, car nous sommes parmi les
moins disposés à nous conformer à cette discipline.

En tous cas la nationalité servira encore longtemps le travail de la civilisation. Elle s'ajustera

comme un vêtement à la fois simple et souple à chaque individualité de race ou de tradition dans sa marche au progrès.

On en vient alors à penser que la terre touche à l'un des moments les plus intéressants de sa vie. Elle va devenir tout entière accessible à quelques grandes idées générales, en même temps qu'elle ne cessera de défendre l'originalité de ses peuples.

Entre tous, le nôtre restera pendant quelques années au moins l'un des plus curieux, grâce à un mélange d'imagination créatrice et de conservation routinière, de fantaisie aimable et de cruelle logique, qui affecte à peu près tous ses actes et surtout ses pensées. Car il pense plus qu'il n'agit. Il pense pour sa satisfaction personnelle, il pense pour sa conscience, pour le personnage qu'il s'est donné à travers l'histoire et qu'il conserve, malgré tout, avec une jalouse fidélité. Il pense et il exprime sa pensée. Un étranger qui voudrait, sans parti pris, se donner la peine de vivre avec lui, de le suivre, de le pénétrer assez pour le comprendre tout en échappant à sa séduction, conviendrait que nul n'est plus divertissant, nul plus sérieux, nul plus intelligent, nul plus naïf, nul plus volontaire, nul plus stagnant, — si l'on regarde les résultats collectifs qu'il obtient, — nul plus progressif si l'on tient compte surtout des productions du génie individuel[1]. Et le même étranger avouerait finalement qu'il résulte de cette multiplicité, de cette abondance, de cette résistance et de ce progrès une paradoxale, mais impressionnante originalité. Enfin, s'il lui fallait définir ce pays par une expression concrète, il pourrait l'appeler : le pays de la dispute.

Ici le culte fervent des idées générales, la jouissance spirituelle de les exprimer, la recherche passionnée du vrai, sont capables de porter la race aux plus ardentes exaltations, aux violences même, aux pires dissensions. Mais il est remarquable que le sentiment national a pris depuis quelques années sur tous les partis un ascendant qui contient les esprits, et qui profite finalement au respect des opinions et au développement de la personnalité humaine.

En même temps, la liberté a assoupli les mœurs. Elle a permis aux ouvriers de se donner leurs tribunes, et elle a déterminé les hommes qui y répugnaient par nature ou par fonction à

1. Parmi les étrangers qui ont écrit sur la France contemporaine, M. Barrett Wendel, l'éminent professeur de l'Université d'Harward, est peut-être celui qui a le mieux compris notre caractère. Voir son livre récent, *La France d'aujourd'hui*, traduit par G. Grappe (In-8°, 1910, H. Floury, édit.)

utiliser cette manière moderniste de se manifester parmi les foules.

La salle du Tivoli résonne successivement de l'éloquence pittoresque de la C. G. T. et de la parole sacrée de 'l'archevêque de Paris. Depuis longtemps la chaire était une tribune. Il était à prévoir que la tribune deviendrait une chaire.

La Chambre a écouté récemment, dans le plus religieux silence, une série de beaux discours sur l'éducation morale. Et c'est l'honneur de ce pays que ce débat purement spéculatif sur les grandes directions de l'esprit ne lui parut ni inopportun ni déplacé, et qu'il ait été unanime à l'approuver.

Il n'est pas d'événements qui ne servent au déploiement de cette universelle et vraiment magnifique dispute.

Elle est avant tout une dispute de philosophie politique. Méditez les discours du Parlement, les sermons et les exhortations de la chaire, les harangues des tribunes syndicalistes, au fond de tous ces actes oratoires vous trouverez une pensée politique, une ambition politique, un rêve politique.

Il est naturel que cette vocation à la dispute politique distraie la nation des questions d'intérêts qui absorbent la vie publique des autres peuples.

Les gouvernements, qui ont la responsabilité de nos directions et le devoir de défendre nos œuvres collectives, doivent donc s'appliquer à ramener notre pensée à l'observation des faits et au souci des réalisations. La débordante dispute a quelquefois l'avantage de laisser du loisir aux ministres, et il ne leur est pas défendu de faire servir à leurs desseins cette dispersion de l'énergie des foules. Mais leur tâche est aussi d'en limiter les effets et parfois de mettre fin à une controverse à la mode par une réforme opportune.

Dans ce livre on ne s'est pas proposé de retracer tous les épisodes vraiment trop nombreux et mouvementés de la dispute actuelle. Il en présente seulement un témoignage et une critique presque impartiale. L'auteur l'a suivie au cours de ces dernières années, sans s'en émouvoir outre mesure, mais aussi sans perdre de vue les conséquences qu'elle peut avoir pour les intérêts français à l'étranger.

Personne ne contestera que la dispute qu'entretiennent nos divisions fasse diversion à notre activité extérieure et affaiblisse nos principaux moyens d'action : commerce, industrie, diplomalie, mais il est aussi véridique qu'elle est suivie avec attention par les esprits cultivés du monde.

Elle est donc un élément capital de notre prestige.

Elle a l'avantage de donner un relief vigoureux à notre originalité. Rendons-lui hommage, à cette dispute française de si haut ton, de si large ampleur, de si élégante tenue. La figure de Figaro la domine, figure amère et gauloise, frondeuse et croyante, révolutionnaire et résignée, au demeurant un beau type d'humanité, et qui, à travers les vicissitudes de toutes sortes, persiste et rayonne.

Le Français ne peut se passer de la dispute. Elle est son élément, sa douceur de vivre, l'expression de sa culture. Il y éprouve la délectation de jouer avec les idées et avec le langage à la fois le plus rationaliste et le plus harmonieux. Il est la dispute même, à la condition d'entendre le mot dans le sens où nos pères le prenaient.

*
* *

Il est surtout question dans ce volume des débats et des luttes politiques qui ont passionné l'opinion durant ces quatre dernières années. La dispute y a trouvé des ressources abon-

dantes et variées. Elle s'y est déployée sans retenue. L'occasion est excellente pour la critique
de relever les abus de la faconde débordante et
de la discussion désordonnée Mais elle se prête
aussi bien à un jugement équitable qui peut
rendre raison aux causes contradictoires et aux
hommes qui se sont résolument combattus.

Peu de législatures auront fourni un aussi
gros labeur que la neuvième, celle de 1906
à 1910. Est-on fondé à dire qu'elle a produit
moins que ses devancières? Je n'en ai pas le sentiment. C'est cependant ce qu'on en a dit et
c'est injuste. On est sans justice à l'égard du
Parlement. Et, chose singulière, il mérite l'injustice. Que dis-je, il semble conquérir l'injustice avec acharnement. Il la conquiert comme
d'autres gagnent le ciel. Il ne néglige rien des
choses qui le peuvent faire mal juger. Il poursuit l'agitation éternelle hors du sein de la nation
et hors de la raison. Il met son orgueil à créer
l'illusion de sa stérilité.

Dans un pays accoutumé à de bonnes mœurs
parlementaires, une Chambre qui, sans se mor-
fondre, aurait accompli le même ouvrage que
celle-ci, aurait le droit de s'enorgueillir d'avoir
rempli son mandat. Mais ces députés toujours
sous pression, qui siègent le matin, l'après-midi

et quelquefois la nuit, qui abordent dès les premières heures de leur existence publique tous les problèmes à la fois, qui visent à tout entreprendre et touchent à tous les intérêts, qui tentent l'escalade des plus hauts sommets, qui se dépensent en débats philosophiques, qui mettent six mois à discuter le budget, et n'ont fait que détruire les dernières ,apparences du budget, laissant derrière eux un déficit considérable, à qui peuvent-ils s'en prendre si l'on oublie les lois sérieuses et bienfaisantes qu'ils ont votées, la politique sage, tolérante et pacifique qu'ils ont soutenue? Comment le pays va-t-il reconnaître les pièces utiles, parmi le chaos de ce chantier où Hercule affolé a jeté son héroïsme quotidien? Dans cette vendange amassée tous les jours durant quatre années, comment faire le tri des fruits mûrs et sains?

On a l'impression d'une ripaille de paroles et de discussions. Un temps de diète serait salutaire. Un carême de politique? quelle douceur!

Et dire que cet espoir nous est refusé. Quand la Chambre s'en est allée, la période électorale était déjà commencée. Les tremplins résonnaient des discours électoraux, alors que la tribune du Palais-Bourbon était encore occupée! Cruelle

asymétrie des pays où l'on ne parle pas assez et
de ceux où l'on parle trop !

Cependant, il ne faut pas céder à ce goût de
médire. De l'immense fatras, des rebuts et des
ratés qu'a donnés la fabrique parlementaire, il
est indispensable de dégager des morceaux entiers et complets.

En voici quelques-uns parmi les plus impor-
tants :

La loi qui établit le bien de famille insaisis-
sable est une de ces réformes qui font peu de
bruit dans le monde et qui cependant sont
douées d'une grande force · opérante. L'esprit
français est porté vers une certaine forme
d'épargne. Il la conçoit toujours dans le bas de
laine. La réserve d'or fascine les plus modestes
autant que les plus riches. C'est dangereux. Harpagon et sa fameuse cassette sont tellement
fixés l'un à l'autre qu'on peut dire qu'ils sont nés
l'un de l'autre. Harpagon a forgé son coffret et
le coffret a couvé l'âme d'Harpagon. L'institution du bien de famille est une forme plus morale et plus salubre de l'épargne. L'économie
domestique y surpasse l'amour du bien. Toute
personne peut constituer un bien de famille au
profit d'un autre et lui offrir ainsi un asile intangible.

La loi qui confère à la femme mariée la faculté de débattre son salaire et de le sauvegarder se range dans la même catégorie que celle que je viens de citer.

L'interdiction de l'emploi de la céruse est une mesure d'une grande portée sociale.

Enfin la réglementation des retraites des mécaniciens, chauffeurs, agents des trains et employés des compagnies de chemins de fer, a été très bien accueillie par le public, qui tient compte à ce personnel du soin qu'il apporte à le bien servir.

Le vote des retraites ouvrières dans les dernières heures de la législature a valu à la majorité un *quitus* pour beaucoup d'erreurs, d'incohérences et de bruit.

Mais les retraites resteront comme une cause pendante devant le Parlement, parce que leur sort est lié à la question budgétaire. C'est une dépense supplémentaire de 140 millions qu'on ne pourra négliger dans le total du déficit.

Dans l'ordre économique, la Chambre n'aura marqué son passage que par la revision douanière. Il est malaisé de porter là-dessus un jugement définitif. Pour l'heure, elle a soulevé contre nous la colère des étrangers. Après quelques mois de son application, elle est déjà l'objet d'un jugement moins passionné. La France n'a eu qu'un tort en cette affaire : ce fut de ne pas s'émouvoir plus tôt des relèvements de droits exécutés par l'Allemagne, l'Espagne et l'Amérique.

Le rachat de la Compagnie de l'Ouest mérite une mention spéciale. Pris pour un acte politique, il ne serait qu'une duperie. Car finalement il profite aux actionnaires et coûte fort cher à l'État. Son caractère vrai est tout autre. C'est une mesure qui n'a rien à voir avec un programme politique. Elle a eu pour effet de débarrasser le concert des compagnies de la seule qui témoignât d'une incapacité notoire. En fait, elle n'a été possible qu'à raison de cette incapacité même. Si l'on avait voulu entreprendre le retour précipité à l'État du service public, on aurait visé le rachat d'une compagnie prospère et dont les ressources croissantes eussent garanti à l'État des profits certains. C'est au contraire une exploitation déficitaire qu'on a incorporée, et tellement déficitaire que l'État, pour l'améliorer, ne peut faire qu'y dépenser plus d'argent. Il n'y a pas là, du reste, de quoi provoquer nos regrets. Le réseau de l'Ouest avait besoin d'une direction plus ferme et d'une série de travaux que l'État aurait en tout cas payés. Mieux vaut

que celui-ci assume directement des responsabilités dont il recevait le choc en cascades.

Et voilà les actes principaux de la neuvième
législature.

Fallait-il pour une telle besogne tant de
séances, tant de tours de force?

L'erreur de notre orateur politique, erreur de
race, erreur latine, est qu'il s'enfièvre par auto-
suggestion. Il se croit obligé de provoquer l'admiration publique. Il est en scène perpétuelle-
ment. Il lui faut des bravos... ou des sifflets.
Une salle silencieuse ou vide lui met le cœur
en détresse. Les sauts au tremplin l'enivrent.
Comme le clown de Th. de Banville, il s'excite
à sauter toujours plus haut. La Chambre est,
pour lui, un

Théâtre plein
D'inspiration fantastique.

Et, chose plus extraordinaire, il entraîne aux
étoiles une masse de braves gens, dont la plupart ont été envoyés au Palais-Bourbon par des
paysans à l'esprit solide qui, sans être ennemis
du rêve, n'ont pas accoutumé de lui donner
le pas sur la raison pour la direction de leurs
affaires

Août 1910.

LA
CRISE DU PARLEMENTARISME

(1906-1910)

I

LA CRISE DU PARLEMENTARISME[1]

Que nous traversions une crise politique, le fait est certain. Mais qu'elle soit née d'hier, ce n'est qu'une apparence. Elle se préparait depuis bien des années. Les maux qu'elle révèle ont déjà produit des résultats considérables. Elle a son origine à la fois dans les mœurs, dans les institutions, dans les idées et dans les intérêts.

On voudrait la localiser, la circonscrire aux organismes politiques et en dénoncer le foyer au Palais-Bourbon. C'est, à mon sens, témoigner encore d'un certain optimisme et simplifier à l'excès le problème. Je ne voudrais pas refroidir le zèle apostolique de ceux de mes collègues qui se sont donné la mission de répandre partout l'idée de la réforme électorale et d'expliquer aux masses la représentation proportionnelle.

1. Cette étude a paru pour la première fois, dans la *Revue hebdomadaire*, le 9 mai 1908.

Je juge leur initiative hautement louable, et je pense avec eux qu'il faut entreprendre la réforme de nos institutions politiques par celle de leurs parties qui offre le plus de prise à nos volontés, par le mode de consultation populaire.

Il est du reste de toute évidence que les institutions politiques réagissent sur les esprits et se pénètrent aussi les unes les autres. Le retour au scrutin de liste, mais avec ces correctifs : la réduction du nombre des députés et la représentation proportionnelle, peut être le point de départ d'une série de réformes plus profondes et plus vastes. Il est également certain que si l'état de conscience des électeurs se reflète fidèlement dans la physionomie politique de l'élu, la moralité de l'élu exerce encore une plus grande influence sur l'électeur et lui inspire son attitude à l'égard de l'autorité publique et des représentants de la loi.

Mais je ne crois pas que le secret du malaise actuel soit tout entier dans l'erreur du scrutin d'arrondissement. Il a d'autres causes tout aussi complexes et tout aussi graves. Je voudrais les examiner au moins succinctement et indiquer comment le régime parlementaire, tel que nous le pratiquons, leur fait donner leur maximum d'effets nuisibles.

Examinons la situation présente sans ménagements comme sans exagération.

LE TRAVAIL PARLEMENTAIRE

A la juger par les apparences, l'œuvre parlementaire semble vide. Les longues et nombreuses séances de la Chambre représentent en effet un effort immense, et le public s'étonne que des lois depuis longtemps sur le chantier, et dont quelques-unes ont fait l'objet d'un grand nombre d'études et de rapports et même de délibérations, restent embourbées ou oubliées.

Naturellement, on rapproche cette intensité de la vie publique de l'insuffisance de son rendement; on croit découvrir la cause de la disproportion dans l'inactivité des députés ou dans le zèle électoral qui absorbe leur temps et leurs forces.

Ainsi formulé et portant sur l'ensemble du Parlement, ce jugement est parfaitement injuste. Quand on suit de près les journées du Palais-Bourbon, on reste frappé de la somme d'intelligence, de connaissances pratiques, d'érudition et de labeur qui y est fournie.

Les projets et les propositions de loi sont étudiés par les commissions avec beaucoup de conscience. Ils font l'objet de discussions pleines d'intérêt. Les débats publics eux-mêmes témoignent que la Chambre réunit une variété de talents et de compétences remarquables. Mais plusieurs raisons s'offrent pour expliquer l'avortement de la plus grande part de cet immense effort. D'abord et par-dessus tout, la forme française de la politique. La politique est, pour nous, résumée en un certain nombre de grandes questions en dehors desquelles il n'y a que billevesées et broutilles.

Ce sont les sujets historiques de nos discussions. Ils forment le *credo* de nos programmes. Et notre imagination s'ingénie à les compliquer, à les grandir, et finalement à retarder la solution des problèmes législatifs qu'ils soulèvent. Il faut de longs discours pour les traiter. Et les partis ne peuvent dissimuler leur mépris à l'égard de ceux qui voudraient les simplifier, les fractionner et les ramener au niveau des possibilités.

L'esprit théoricien domine l'esprit de transaction. Le goût de la bataille l'emporte sur la volonté d'aboutir.

Cette position de chaque parti est éminemment propre aux interminables débats, aux conflits des deux assemblées. Finalement on en vient toujours à une série d'atténuations, de reprises. Les faits et les oppositions d'intérêts font courber les théories. Il eut été préférable d'en tenir compte tout de suite et de s'entendre. Mais la tribune française y aurait perdu de belles joutes, et les familiers des galeries d'amusants spectacles. Le pays y aurait gagné la paix et une meilleure utilisation de son énergie.

Les exemples abondent. Le plus récent est

celui de la loi sur le repos hebdomadaire. Tout le monde le connaît; je n'insiste pas. Un autre se développe en ce moment sous nos yeux: celui de la réforme fiscale. La discussion prendra des mois. Conçue dans le système de l'absolu, elle ne trouvera la vie que dans des formes relatives et des conditions contingentes. Jusqu'à ce qu'elle s'y soit pliée, il y aura encore beaucoup de discours éloquents et longs et beaucoup de temps perdu.

En somme, nos affaires publiques sont soumises aux procédés des partis extrêmes. Nous leur cédons, non point sur le fond des choses, mais sur le choix des armes. Ils ont besoin des grandes luttes romantiques — c'est un mot de Bebel. Ils nous éloignent des réalisations.

Cependant, il n'en sera pas toujours ainsi. Les grands articles du programme républicain s'épuiseront. Ils s'épuisent. Notre vie publique souffre d'avoir été édifiée uniquement sur ces tremplins solennels. Voici celui de la lutte anticléricale qui nous manque. Et il manque terriblement à ceux qui y voyaient un moyen commode de gouvernement ou d'opposition. Quand quelques autres encore auront été ainsi démontés comme les échafaudages de travaux achevés, il faudra bien que nous nous habituions à traiter des sujets plus prosaïques. Voici déjà les retraites ouvrières sorties de la période purement oratoire pour passer dans la période réaliste.

Plus de discours pompeux ou menaçants, mais des travaux techniques, des calculs et des chiffres. On aboutira à ce prix.

On aperçoit déjà un mode de travail parlementaire très différent de celui où nous nous traînons et qui se rapproche de la manière anglaise.

Les questions qui nous occuperont ne se prêteront pas aux déroulements majestueux de la vieille éloquence tribunitienne. Des exposés aussi simples et aussi clairs que possible, de la sobriété et de la brièveté, des débats ramenés aux limites raisonnables par le travail des commissions : tel sera le mode de l'avenir.

Ce changement dans les habitudes parlementaires résultera d'un changement profond dans la vie générale de la nation. Peu à peu, celle-ci s'aperçoit que l'organisation de son travail collectif, l'agencement de sa vie économique doivent prendre la première place dans ses discussions publiques. La tension des intérêts dans le monde ne nous laisse plus libres de faire des expériences politiques. L'ordre, la sécurité, la tranquillité d'esprit sont indispensables à notre défense, à notre expansion, à notre rayonnement. Être le laboratoire politique du monde fut longtemps notre ambition et notre gloire.

Mais ce fut aussi la cause de grandes faiblesses, et aujourd'hui il n'y a plus d'exploration à faire dans le monde des idées. Sa carte est fixée. Toutes ses régions ont leurs limites. Il en est de lui comme du monde géographique. Il s'agit de l'organiser, de lui appliquer les méthodes les meilleures, de corriger ses imperfections par des moyens scientifiques.

Les principes de la Révolution française mis aux mains des nègres d'Haïti ne donnent pas précisément les résultats qu'en attendaient nos pères. Les idylles politiques tournent parfois aux conflits sanglants. Combien d'idées belles, généreuses, passionnantes subissent sous nos yeux des déformations telles qu'elles tournent aux préjugés, au fanatisme!

Les générations rationalistes qui nous suivent comprennent que la politique est dominée, comme toute chose humaine, par des faits qu'il est puéril de nier.

Il va donc falloir donner aux programmes républicains d'autres directions.

D'idéaliste, notre politique va devenir réaliste. Elle est purement intérieure; elle va devenir extérieure. Au lieu de vouloir découvrir tous les progrès chez nous, nous irons les chercher parfois chez les autres, là où ils auront été produits au jour.

Enfin, nous gagnerons le sentiment de la solidarité nationale qui nous fait à peu près complètement défaut, et qui ailleurs s'impose chaque jour avec plus de force —et aux démocraties les plus libres.

Tel est, du moins, le sens du mouvement qui entraîne tous les pays. C'est pour y résister, c'est parce que notre éducation, nos institutions et nos mœurs y font obstacle, que nous éprouvons en ce moment un malaise véritable.

Il va de soi qu'il porte des conséquences générales, et qu'il tend à modifier notre conception du gouvernement et de l'administration.

LE PERSONNEL POLITIQUE

La première impression qu'on éprouve, quand on pénètre pour la première fois dans la vie parlementaire, est que la Chambre est trop nombreuse. Elle est trop nombreuse pour délibérer, et elle est trop nombreuse aussi à d'autres points de vue.

Près de six cents personnes réunies pour élaborer des lois, c'est trop. Les assemblées nombreuses ont l'âme des foules, et c'est le propre des foules de n'être point raisonnables. Elles sont inattentives aux besognes délicates et terre à terre, elles leur préfèrent les spectacles du cirque. Et c'est un fait indéniable que le goût des spectateurs inspire à l'acteur son jeu, son accent, sa pathétique. La Chambre est un théâtre où le public, les députés et la mise en scène composent un art spécial, commandent des opinions convenues, des gestes faux, un débit apprêté.

On a parlé d'agrandir la salle si incommode

et si malsaine du Palais-Bourbon. C'est à la réduire qu'on devrait s'attacher, en éliminant une grande partie du public et un certain nombre de députés. Les débats ne perdraient rien en grandeur et en éloquence, à se dérouler dans un cadre plus restreint. Ils y gagneraient, au contraire, car les grands éclats de voix mélodramatiques et les attitudes de matamore y détonneraient et soulèveraient le rire; mais la réduction des députés s'impose par d'autres considérations.

La République a conservé toutes les vieilles institutions impériales. Elle a plaqué sur le fond de la Constitution de l'an VIII la marqueterie des diverses fonctions électives qui sont sa raison d'être.

Or, la Constitution de l'an VIII est toute dans le dogme du gouvernement personnel. Le gouvernement personnel subsiste donc. Par les préfets, il tient dans sa main les innombrables fonctionnaires. Il dispose des subventions de toute nature que l'État distribue. Il dirige les élections, il inspire les candidats; il a ses journaux, il a les décorations. Il commande par la voix de l'intérêt et par les séductions de la vanité.

C'est donc au ministre que tout arrive et c'est du ministre que tout dépend. Un Président du Conseil qui croirait à sa mission de donner aux grands intérêts, aux discussions les plus graves, son travail et son temps, commettrait une naïveté et une faute. On viendra lui parler de bureaux de tabac, de recettes buralistes, d'un agent voyer, d'un douanier, d'un cantonnier, d'un facteur, d'un braconnier, d'un gendarme ou d'un fournisseur de l'État. Il faut qu'il écoute avec attention les doléances des parlementaires. Il s'agit de pousser leur clientèle et de combattre sous main leurs adversaires. Et, entre ces deux partis, il n'y a pas de place pour les indifférents. Il y a nos amis et les autres.

Le ministre peut tout — c'est la Constitution de l'an VIII; donc il doit tout aux députés et aux sénateurs. De ses décisions dépend le vote qui le condamnera ou le fera durer.

Le député et le sénateur sont, pourvu qu'ils soient de la majorité, les maîtres du département et de l'arrondissement. Ils choisissent leurs fonctionnaires; ils déplacent les uns, ils confèrent aux autres leur avancement ; ils provoquent les demandes d'emploi, ils absolvent ou ils châtient.

Bien entendu, la contre-partie s'offre souvent à notre admiration. Le député qui est hors des eaux gouvernementales est l'objet des pires vexations.

Défense aux fonctionnaires d'avoir avec lui des relations, même officielles. Les amis politiques sont marqués à l'encre rouge dans les dossiers du sous-préfet.

L'imprimeur qui imprime son journal est écarté systématiquement des adjudications de la préfecture. Les comités qui le soutiennent sont taxés de réaction. Leurs membres sont combattus dans les communes, chassés des mairies. Et, comme on a plié ce pays à tout attendre du gouvernement ; comme les lois remettent aux ministres la distribution des subventions aux œuvres agricoles et scolaires, aux adductions d'eau potable, aux sapeurs-pompiers, aux sociétés de toutes sortes qui font de la commune une démocratie organisée, le député d'opposition peut faire le compte du sacrifice que son indépendance impose à ses commettants. S'ils lui restent fidèles après quelques mois de ce régime, leur fidélité touche à l'héroïsme.

Il est bien étonnant que des républicains, ou plutôt des hommes qui se croient tels, exercent ce despotisme. Ils l'exercent néanmoins le plus naturellement du monde, et la masse pense qu'il est légitime.

Ce bonapartisme démagogique a des résultats illimités.

Tout d'abord, il élimine de la politique des républicains convaincus, mais qui tiennent à leur sécurité morale ou répugnent à la servilité. Il faut donc prendre garde de ne pas attribuer au scrutin d'arrondissement la responsabilité entière du degré d'infériorité où le personnel parlementaire est tombé dans un grand nombre de régions. Il est des hommes dont l'autorité s'étend loin à la ronde, parce qu'ils ont su tirer de leur domesticité gouvernementale des profits moraux considérables. Tous les ministères les ont amplement servis. On les a vus tout-puissants au temps de M. Méline comme au temps de M. Combes. Ils entretiennent le pays dans le respect par des nominations scandaleuses. L'indignation de leurs adversaires elle-même accroît leur renommée. Les braves gens pensent à recourir à leur influence pour un parent ou un ami. Les malhonnêtes gens se couvrent de leur patronage devant l'opinion et trop souvent devant la justice. Et il leur arrive d'être si puissants qu'ils s'offrent parfois le luxe d'une bonne action.

Une autre conséquence du bonapartisme républicain est le népotisme. Du moment que le député ou le sénateur a, aux yeux du public, le droit de servir ses clients, il a bien le droit de se servir lui-même. Et il le fait crânement. Des ministres l'ont fait — leur cynisme n'a scandalisé personne — en pourvoyant leurs fils d'emplois qui sont généralement des couronnements de carrière.

Enfin, l'un des plus graves résultats de ce régime du gouvernement personnel distribué aux élus est certainement la prépondérance des fonctionnaires dans la vie publique.

C'est par les fonctionnaires, à la fois ses clients et ses serviteurs que l'homme politique agit, se renseigne, crée les courants favorables, négocie ses bienfaits, entretient et étend sa domination. Ils se compromettent pour lui et, réciproquement, il ne permet pas qu'on les tienne sous une autre discipline que la sienne. C'est un échange permanent de bons offices. Les fonctionnaires, en réalité, ne courent plus aucun risque à se mêler aux luttes personnelles. Nul ne songe à le leur reprocher. Leur neutralité seule serait suspecte. Ils tiennent dans les travaux des élus la plus large place. C'est pour eux que les 99 centièmes des démarches sont faites dans les ministères. Au moment de la discussion du budget se lèvent de tous les bancs, à droite, au centre comme à gauche et parmi les socialistes, des plaidoyers chaleureux en faveur de leur augmentation. Ils proclament ouvertement, dans leurs congrès, leur intention d'organiser au sein du Parlement une agitation en leur faveur et de forcer la main à leur chef, le ministre. Celui-ci ne peut presque jamais se donner l'avantage d'une initiative heureuse pour son personnel. Ou, s'il la prend, il est la plupart du temps débordé.

Interpellé, il parvient à savoir que c'est l'un de ses subordonnés ou une catégorie de ses subordonnés qui lui crée cet embarras. Et il ne peut rien pour s'en protéger; rien, sinon s'acquérir la bienveillance de cet adversaire qui est dans la maison par une faveur exceptionnelle.

Mais ce jeu d'intrigues n'a pu s'organiser et se développer qu'en causant des injustices criantes. Le nombre des administrateurs lésés a été encore plus grand que celui des courtisans privilégiés. Il s'est trouvé des hommes assez respectueux de leur dignité pour ne pas rechercher au prix de si humiliantes démarches leur avancement légitime. Puis il s'en est trouvé d'autres qui, après s'y être soumis et en avoir tiré profit, ont pris des attitudes d'indépendance. C'est l'histoire de toutes les révoltes. Il s'y mêle toujours des ambitions déçues et des servilités insatiables.

De cette réaction contre l'abus des patronages politiques est né le mouvement des associations de fonctionnaires. Il fallait qu'il eût en lui la raison et la force de l'équité pour déterminer des chefs d'administration et des ministres à se dessaisir de leur autorité aux mains de conseils de discipline et de commissions anonymes chargées d'établir les tableaux d'avancement.

Ces conquêtes, à elles seules, devaient avoir des répercussions profondes sur les œuvres vives de la République. Pour ne citer qu'un exemple, le corps des instituteurs, l'un des plus exposés dans les luttes politiques, méritait à coup sûr d'être protégé contre l'odieux arbitraire des préfets. Quelques élus, prévoyant l'heure de la crise, avaient réclamé le transfert à l'autorité universitaire, au recteur, de la direction du personnel primaire. Mais on ne les a pas suivis;

on a cru cependant nécessaire de faire la part du feu, et on s'est borné à donner aux instituteurs des garanties contre les déplacements d'office. Naturellement, ce fut aux dépens de la discipline. Les théories révolutionnaires et un certain esprit dogmatique se glissèrent parmi eux. Et il est arrivé que des inspecteurs préférèrent nier le mal plutôt que de soulever de lourdes procédures et do dangereux débats en ramenant les égarés à une exacte notion de leurs devoirs. Le spectacle de ces choses s'est étalé aux yeux des populations rurales et a fait naître en elles, à la fois, une grande inquiétude et la réprobation de l'anarchie gouvernementale.

Ce n'est pas tout.

Le mouvement syndicaliste dans les administrations et les ateliers de l'État servira longtemps d'argument aux adversaires des exploitations d'État. Il autorise un grand nombre d'élus républicains à repousser des institutions qui, dans les pays qui nous entourent, ont produit des résultats heureux. De ce fait, des réformes économiques et financières très souhaitables ont subi un recul dans l'opinion, et il ne sera pas facile de regagner pour elles le terrain perdu.

D'un mot, l'autorité gouvernementale sur la vie administrative est tellement réduite qu'elle n'existe presque plus.

La notion de l'État disparaît, au sens où l'en-

2.

tendaient nos pères. Et avec sa valeur morale s'efface sa prospérité matérielle.

RÉFORME

La réforme de ce système ne dépend d'aucun parti en particulier. Elle dépend des partis de gouvernement. Pour l'accomplir, il ne faut compter ni sur les révolutionnaires, ni sur les droitiers.

Les droitiers? Quel secours en pourrait-on attendre? Ils ont donné la mesure de leur patriotisme et de leur désintéressement durant la longue et humiliante crise de l'Assemblée de Versailles. Quand on relit l'histoire de ces cinq années, — et je la relis dans l'admirable ouvrage de mon éminent ami, M. Gabriel Hanotaux [1], — on en sort le cœur rempli de dégoût à l'égard de cet amas informe de courtisans sans cœur. Royalistes, bonapartistes, légitimistes, toute cette opposition à la République n'a jamais été unie que par un sentiment commun : la peur de la démocratie. Son inintelligence des temps n'a d'égal que son aveuglement.

Sur les ruines de la patrie, elle s'absorbe dans des querelles de famille et les plus bas calculs de l'égoïsme. La vieille âme de l'émigration renaît

1. *Histoire de la France contemporaine.*

dans cette noblesse vaticane, orléaniste, légitimiste et bonapartiste. Elle n'a conscience ni de l'étendue de notre désorganisation, ni de la puissance du vainqueur. Elle est incapable d'observer l'évolution de l'activité des peuples.

La droite d'aujourd'hui ne vaut guère mieux. Elle n'a plus de nom. Elle ne lutte que pour des fantômes.

Ni son nombre ni sa valeur ne pourront servir au Parlement à redresser les erreurs et les fautes de la majorité.

Et c'est précisément l'un des éléments de l'équilibre parlementaire qui nous font totalement défaut. Un régime parlementaire a besoin, pour fonctionner, de partis organisés. Une majorité immense a toujours une tendance à abuser de sa force. L'opposition de droite a sur la conscience tant de méfaits politiques et elle est si faible qu'elle sert uniquement de prétexte à des représailles où les républicains perdent le respect des principes.

Quant au parti socialiste, il semblait que ce rôle d'opposant désintéressé et libre d'esprit dût lui revenir. Sa doctrine, dégagée des visées du pouvoir et des lourdes hérédités qui pèsent aux épaules des partis bourgeois, lui permettait d'élever son contrôle au-dessus des combinaisons équivoques et des partages d'influences. Il n'avait qu'à rester attentif aux faiblesses des gouvernements et à présenter, dans les nombreux problèmes que l'organisation de la démocratie nous impose, des solutions particulières. Une grande réserve dans les contacts parlementaires, une indépendance rigoureuse, une impartiale critique qui aurait fait de lui le défenseur de tous les faibles, le redresseur de tous les torts, l'avocat permanent du droit sans regarder l'origine ni les bénéficiaires de la cause, et surtout le seul parti osant placer l'État au-dessus des catégories, des intérêts subjectifs et des convoitises : c'était sa mission dans l'œuvre parlementaire, dans la politique de ce pays encore imprégné des préjugés dynastiques et trop enclin à respecter la force.

Cette mission, le parti socialiste ne se l'est pas donnée. Il s'est laissé tenter lui aussi par l'appât des clientèles ; il en a pris sa part, puis il a tout fait pour l'élargir. Il a confondu ses intérêts avec ceux des fonctionnaires en révolte. Il a frappé avec eux sur l'autorité de l'État. Il a sonné la charge à l'assaut des finances publiques, il a travaillé à tout ce qui désorganise, dissocie et ruine. Il a été révolutionnaire tout en étant majoritaire.

CONCLUSION

En résumé, ce qui manque au Parlement, ce n'est pas, comme certains le disent, des intelligences, des compétences et du travail. Il travaille trop. Il fait trop de lois et de règlements. Saint-Simon le disait déjà au temps de Louis XIV :

« Il n'y a pays en Europe où il y ait tant de si belles lois et de si bons règlements, ni où l'observation en soit de si courte durée. On ne tient la main à aucun, et il arrive que souvent, même dès la première année, tout est enfreint, et qu'on n'y pense plus dès la seconde. » Nous souffrons aujourd'hui d'abord et surtout des défauts de notre race et de nos traditions. D'autres peuples ont le respect inné de la liberté et des lois. Nous, nous recherchons d'instinct la tyrannie et nous ne tolérons pas l'action régulière de la saine discipline. Nous dissertons pour satisfaire notre goût pour la parole, non pour aboutir. Nous sommes férus de logique, mais n'avons cure des résultats.

Et c'est notre moindre défaut. Le pis est que nous ignorons le sentiment de la solidarité nationale.

Les oppositions à la République ne se sont pas seulement appliquées à ébranler ce gouvernement. Elles ont poussé la France à l'anarchie. Elles ont porté la passion jusqu'à la fureur. Elles ont recherché le désordre, elles nous ont acculés aux procès politiques, elles ont discrédité la tradition qu'elles représentaient, enlevé aux affaires publiques tout un personnel modérateur, et ainsi privé notre développement d'une série de transitions utiles.

Jamais la notion exacte du mouvement du monde ni le souci de l'intérêt national ne les ont retenues.

Malheureusement, les luttes qu'elles ont provoquées ont impressionné notre propre parti.

Il n'a pas su, il n'a pas pu rester le maître absolu de ses procédés. N'était-il pas sollicité du reste lui-même aux tyrannies par les ferments du sang latin et par l'éducation dogmatique qui nous a tous plus ou moins façonnés?

En cet état, à quelle idée doit recourir le pays pour se diriger? Je l'ai dit. C'est au sentiment national.

Le sentiment de la solidarité nationale est le grand redresseur des peuples. Il a fini par pacifier et unifier l'Allemagne et l'Italie. Nous l'avons connu bien avant elles. Les luttes politiques nous en ont éloignés. Aujourd'hui que le parti républicain est le maître incontesté, il lui appartient de revenir à la plus grande force qu'aient connue les collectivités humaines. Du reste, s'il nous était devenu à ce point étranger que nous fussions incapables de lui rendre de nous-mêmes son autorité, le sentiment national nous serait imposé par la lutte universelle. Les unités nationales ne sont point encore partout achevées. En pleine évolution ici, elles s'ébauchent à peine sur d'autres points du monde. Si l'on peut concevoir en bonne philosophie que cette forme des sociétés n'est que transitoire et que les groupements s'élargiront au cours des siècles, nous n'avons point à fixer notre politique sur des hypothèses et des rêves lointains. Le fait est là, indiscutable; la forme nationale est le seul abri des hommes contre les compétitions, les haines, les cupidités ou les ambitions des plus forts.

Et nous, qui avons été si ardents à propager le sentiment national et qui avons si chèrement payé ensuite notre tribut à son triomphe, nous n'avons qu'à le reconnaître comme le directeur souverain actuel de l'humanité.

Malheur à nous si nous le méprisons.

Nous recevrions assez de coups de nos adversaires et de nos concurrents pour reconnaître un jour le besoin de nous unir et de nous réconcilier.

Enfin nos institutions politiques actuelles sont un anachronisme au même degré que nos idées générales et nos mœurs. Nous persistons à demander aux vieilles formules le secret du progrès. Et nos méthodes, à force d'être archaïques, sont plus réactionnaires que celles des monarchies voisines.

Comment alors nous étonner que nous soyons encore à débattre sur des réformes qui sont depuis longtemps des réalités chez les autres? Nous corrigerons-nous assez tôt pour voir nous-mêmes la grande renaissance française? Je l'espère. En tout cas, je me retourne hardiment vers les générations qui vont franchir la lice et nous disputer la direction du pays, et je les supplie de secouer les routines et les vieilles tutelles que nous avons subies.

II

LA RÉFORME ÉLECTORALE

Nous n'aurons pas la représentation proportionnelle. Nous n'aurons pas le scrutin de liste; nous n'aurons même pas cette bien-proportionnée qui, dans une revue comique de fin d'année parlementaire, pourrait tenir avantageusement le rôle de commère.

Nous n'aurons rien du tout. La Chambre, à l'heure où j'écris, n'a pas encore donné son verdict. Mais tout porte à croire qu'elle prendra l'héroïque parti de repousser tous les changements proposés à un mode de scrutin qu'elle a quelque raison de croire le meilleur du monde [1].

1. Après un long débat, la Chambre, le 8 novembre 1909 adopte les deux premières parties de l'art. 1 du projet de la Commission, mais, à la suite d'une intervention de M. Briand, Président du Conseil, qui expose les raisons pour lesquelles il croit préférable d'ajourner l'adoption de la représentation proportionnelle, l'ensemble de l'art. 1 est repoussé par 291 voix contre 225.

Des esprits chagrins penseront sans doute :
« Voici encore trois semaines de perdues en vains
débats. Cette assemblée n'a pour vertu que celle
de ne pas aboutir. » Je ne suis pas de leur avis.
A moins d'être tout à fait prévenu contre elle,
on ne peut s'empêcher d'admirer l'attitude de la
Chambre au cours de cette longue discussion.
Elle a écouté avec la plus scrupuleuse attention
les orateurs qui venaient lui dire les choses les
plus désagréables qu'une Chambre puisse entendre : « Votre origine est condamnée. Le scrutin
d'arrondissement est la cause de tous les maux
dont souffre le pays, et le scrutin d'arrondissement c'est vous qui le représentez. Hâtez-vous
donc, avant de vous séparer, de traduire ces
idées dans un vote formel et de décider que vos
successeurs seront élus suivant un procédé tout
différent. »

Il est vrai que ces objurgations étaient enve-
loppées d'une forme très éloquente. Il y eut peu
de débats soutenus à une telle hauteur au cours
de cette législature. Et j'ajoute qu'ils ont apporté un démenti à la croyance que jamais discussion n'a fait varier l'opinion d'une assemblée.
On sentait au contraire la Chambre très atten-
tive et, au fond, très inquiète. La représentation
proportionnelle était regardée jusqu'ici par la
plupart des députés de la majorité comme une
diversion fâcheuse à leur paisible jouissance.
L'un de ses adversaires les plus tenaces avait

traduit assez exactement cet état d'esprit en écrivant : « Il y aurait danger pour la démocratie en l'eau trouble créée par cette fumisterie. » Et cette belle métaphore tuait le monstre.

A la vérité, la majorité se refusait, malgré tous les avertissements, à regarder cette réforme comme autre chose qu'une tracasserie. Les discours qu'elle a entendus, s'ils ne l'ont pas détachée du scrutin d'arrondissement, lui ont fait au moins reconnaître la gravité du problème posé devant elle. Elle s'est sentie pressée, assaillie par une idée juste et saine. Tout le monde a aujourd'hui le sentiment de la force qu'elle recèle. Désormais il faudra compter avec elle. Que dis-je? de jour en jour on mesure ses progrès. Parmi ceux mêmes qui s'entêtent à la rejeter, parmi ceux qui viennent s'inscrire dans le nouveau groupe antiproportionaliste, il s'en trouve qui avouent leurs scrupules et qui devinent l'ascendant que la proportionnelle a déjà conquis sur les cerveaux.

Il ne m'appartient pas de reprendre les arguments qui ont été développés à la Chambre pour et contre elle. Ces débats ne se résument pas. Il faut les lire. L'admirable discours de Paul Deschanel, la vigoureuse et précise démonstration de Varenne, rapporteur, la réponse doctrinaire, savante et cependant spirituelle et vivante de Charles Benoist à ses adversaires, les chaleureuses paroles de Joseph Reinach rattachant la réforme aux plus pures traditions de la pensée républicaine, la très heureuse allocution de M. Abel Ferry qui pour ses débuts s'honora de s'élancer dans une telle bataille, il faut lire tout au long cette démonstration oratoire qui place les républicains proportionalistes au-dessus de toutes les calomnies et des réquisitoires des procureurs majoritaires.

Personne ne doute plus aujourd'hui à la Chambre que la représentation des minorités entre bientôt dans le droit politique de ce pays.

Et ce qui a achevé de faire aux plus sceptiques leur conviction est précisément l'acte par lequel les adversaires ont cru un instant avoir détruit pour toujours les effets de la propagande de l'idée. Je veux parler de l'affichage du discours du Président du Conseil[1].

Contrairement à l'opinion de quelques-uns de nos amis, je pense que M. Briand ne pouvait choisir, dans ce débat, une autre position que celle qu'il a prise. Il avait les meilleures raisons pour s'y établir. Premièrement il gouverne avec une majorité. S'il la désavouait, il aurait pour premier devoir de décliner sa confiance. C'est l'application de la règle primordiale du régime parlementaire. On objectera qu'il se connaît une autorité suffisante pour l'entraîner vers la réforme électorale, et qu'en tout cas l'ambition

1. Séance du 28 octobre 1909.

de se faire renverser sur une question qui contient en germe une réforme profonde des mœurs politiques était de nature à séduire un esprit nouveau, indépendant et de grande envergure. Je me permets de penser tout autrement.

Il y a en effet dans la proportionnelle la source d'une série indéfinie d'améliorations politiques, gouvernementales et administratives. Je concède qu'il n'est pas téméraire d'en espérer une rénovation.

Est-ce assez dire? Allons plus loin et voyons en elle l'affirmation de notre unité nationale. Oui, quand un pays peut offrir à tous les partis la certitude d'être entendus, c'est qu'il se rapproche de l'harmonie intérieure, c'est qu'il en est tout près, c'est que ses discordes s'éteignent pour faire place aux désaccords. Il n'a plus besoin de gouverner par l'écrasement et la tyrannie. Il sort de la violence pour se fixer dans le droit. Il est promu à la liberté.

C'est parce que ce sentiment nous pénètre que nous osons proclamer la représentation des minorités comme notre honneur et notre sauvegarde dans le prochain avenir. Mais le passage de « l'état de nature où l'on se bat à l'état de société où l'on se compte » (ce sont les expressions de Louis Blanc), le passage du régime présent à l'autre, il ne dépend ni d'un gouvernement, ni d'une majorité de l'accomplir sans précaution et sans préparation. La majorité a pour instinctive fonction de se défendre, de se former en carré pour repousser toute tentative qui vise à entamer son privilège. Elle existe et il est naturel qu'elle veuille se continuer. Un ministère réformiste, je veux dire par là un ministère qui a des intentions réformistes, ne pourrait triompher de cet état de fait que s'il agissait sous l'empire d'une crise, d'une vraie crise, non pas d'une crise latente, mais d'une crise ostentatoire, telle qu'il s'en est fallu de peu qu'il s'en déclarât une au moment de la grève des Postes. Le pays, touché plus cruellement des effets d'un mal dont il connaît les causes, accepterait le remède que lui présenterait résolument un chef de gouvernement. Alors cette pression du gouvernement, qui en temps normal paraît un « coup d'État contre la majorité », suivant le mot de M. Briand, serait naturelle et légitime. La majorité accepterait la réforme soutenue et demandée par le ministère ou bien elle la rejetterait, et dans ce dernier cas un appel au pays par la dissolution serait la seule issue du conflit.

Mais nous ne sommes pas en état de crise ; bien mieux, la plate-forme du ministère est une politique d'apaisement, c'est-à-dire de contradiction pacifique. Nous voici parvenus, en outre, au terme de la législature. Par le jeu naturel des choses, le pays est saisi de la question du mode électoral. Tous les partis sont résolus, ou mieux il y a dans tous les partis des hommes résolus à

la poser devant les électeurs. La thèse de
M. Briand, quand on la serre de près, s'offre
donc comme la plus sage. D'aucuns disent : « C'est
la manœuvre d'un homme habile. » L'expérience m'a convaincu que la ligne de conduite
raisonnable et qui simplement satisfait l'esprit
par sa coordination avec les circonstances et les
faits, est aussi la plus habile. Cette habileté-là
est en politique l'art de gouverner.

Cependant, si le Président du Conseil s'en était
tenu à cette tactique, il y aurait bien quelque
justice dans les reproches qu'il vient d'essuyer.
S'il avait passé condamnation aux lamentables
faiblesses d'une représentation majoritaire, à
ses brutalités, aux haines féroces qu'elle nour-
rit, à l'effacement du contrôle qu'elle obtient,
aux servitudes qu'elle accepte, il eût été coupable
d'un aveuglement volontaire.

S'il avait conclu, contrairement à sa déclaration de principes et au discours de Périgueux[1],
que rien ne justifiait la campagne organisée
contre le scrutin d'arrondissement, il devrait
être frappé de suspicion légitime.

Mais tel n'est point son cas. Le discours de
Périgueux conserve toute sa force et sa portée
après le discours sur la proportionnelle. Bien
mieux, celui-ci dans sa péroraison est éminemment favorable à la réforme. C'est une invitation

---

1. 10 octobre 1909

aux républicains à convaincre le pays de l'idée qu'il doit rajeunir sa vie, qu'il doit porter son activité sur un autre plan que celui qui a servi à la vieille société. « L'idée entrera en profondeur dans les rangs de la masse électorale. »

Le conseil est bon. Pour le désapprouver, il faut oublier que les Français sont routiniers et conservateurs, qu'ils tiennent avant tout à leurs habitudes! L'espoir d'introduire la proportionnelle du premier coup d'épaule dans nos lois est une illusion qui témoigne de la jeunesse de nos ardents collègues Charles Benoist, Joseph Reinach, Messimy, Buisson, etc. Les choses ne vont pas de ce train, hélas! Le succès de la proportionnelle est une certitude, mais il y faudra beaucoup de temps, de patience et d'efforts.

Longtemps ceux qui la défendent s'entendront qualifier de traîtres, de réactionnaires, d'intrigants, etc. Ils ont pour eux quelques autorités, Victor Considérant, Louis Blanc, Edgar Quinet, notamment... Mais cela n'est pas fait pour émouvoir ceux qui, de bonne foi, croient avoir arrêté le soleil.

Sans le vouloir cependant, il leur arrivera, à ces purs, de se faire nos complices.

N'est-ce pas à eux que nous devons l'affichage dans toutes les communes du discours de M. Briand qui porte le débat devant le pays? Nous n'espérions pas tant de leur générosité ni de leur clairvoyance.

III

LA CONTROVERSE SUR LA R. P.

La controverse, le mot paraîtra faible à certains adversaires de la R. P. qui se mettent hors de soi à la simple résonance de ces deux lettres de l'alphabet politique. C'est une bataille qu'ils voudraient, et l'une des plus ardentes et des plus meurtrières, puisqu'elle se livrerait entre républicains.

Tel est M. J.-L. Breton, qui a pris pour thème de sa polémique l'assimilation de la campagne proportionaliste au boulangisme. Le jeune député socialiste a, dans cet essai historique, éprouvé déjà quelque mécompte. Sur le fond de la caricature qu'il a tenté assez gauchement de tracer, de la petite phalange des conférenciers pour la R. P., il manque au moins un général et son cheval noir. Et ce ne sont point des choses si négligeables.

Aussi, afin de corser son interprétation des

événements dont il invoque la leçon contre nous, le voilà qui rappelle la campagne pour la revision de la Constitution, et affecte de la confondre avec le boulangisme lui-même.

Il n'est pas permis d'être plus volontairement ignorant des idées qui ont agité le parti républicain dans ces vingt dernières années. M. J.-L. Breton traite avec un dédain bien injurieux les radicaux-socialistes et les radicaux qui, sous la conduite de Clemenceau, ont mené le combat revisionniste. C'étaient Camille Pelletan, Georges Perrin, Tony Revillon, etc. Ils n'avaient pas derrière eux la masse des forces républicaines, et il leur arrivait d'entendre la voix d'un violent bonapartiste ou d'un légitimiste doctrinaire se joindre à la leur dans leur réquisitoire contre la Constitution de 1875. Leur conscience n'en fut jamais troublée, parce qu'ils donnaient à leur parti une personnalité assez forte pour n'avoir pas à craindre une compromission quelconque, ni dans la lutte ni dans les résultats, avec les partis de droite.

Nul ne considérait du reste la Constitution de 1875 comme intangible et irréprochable. Gambetta la défendait, mais il se gardait bien de condamner ses adversaires au nom d'un principe. Il se contentait de les taxer d'imprudence. La Constitution de 1875 était à ses yeux un abri suffisant, qui permettait au grand parti républicain d'accomplir les réformes et de conduire le gouvernement aux solutions démocratiques sans heurt, sans conflit entre les deux Chambres. La suite lui a donné raison. Ceux de ma génération qui abordaient au seuil de la vie politique étaient pour Gambetta ; mais ils n'eurent jamais le goût de disqualifier les radicaux qui poursuivaient d'abord contre lui, puis contre Jules Ferry leur terrible campagne.

Plus tard, quand le mouvement boulangiste est né, il s'est grossi d'un nombre important de radicaux déçus, qui virent dans le prestige du général l'élément fluidique capable d'attirer la foule. Alors, devant le péril, il ne fut plus question ni de revision. ni de réformes. Les socialistes — ceux qu'on appelait alors les possibilistes et qui avaient été aussi des revisionnistes — s'unirent aux radicaux revisionnistes comme Clemenceau et Pelletan, aux antirevisionnistes et aux opportunistes pour repousser la démagogie la plus redoutable, la démagogie militaire.

Mais cela suffit-il à faire condamner la doctrine revisionniste, comme le voudrait M. J.-L. Breton ? Nullement. Il faut être bien oublieux ou bien peu renseigné, ou bien encore bien peu perspicace, pour n'avoir pas gardé de ces temps agités un enseignement utile au nôtre. Et cet enseignement que nous dégagions, je m'en souviens, devant les électeurs de Paris en 1888, 1889, 1890, était celui-ci :

Ce pays est très enclin à accepter les batailles

politiques. Il s'y donne avec enthousiasme et parfois avec rage. Les partis réactionnaires, pour l'avoir trop souvent défié, sont payés pour connaître sa constance au combat. Mais une fois la victoire obtenue, il se lasse' de la tension de muscle à laquelle les politiciens voudraient le contraindre. Il sent alors d'instinct que cette perpétuelle rigueur de Français contre d'autres Français est inutile ou au moins dangereuse pour la commune patrie, qu'elle l'affaiblit, tandis qu'elle profite à des tyrannies personnelles, à une sorte de parasitisme politique qui tend à faire de la victoire des idées une victoire d'intérêts et d'appétits. La masse sent au bout de quelque temps peser sur ses épaules cette puissance exercée par un personnel qui détourne la République à son avantage et la fait passer sur ses terres, non comme un large fleuve aux alluvions bienfaisantes et utile à tous, mais divisé en mille ruisselets canalisés doctement et uniquement réservés à l'irrigation du domaine privé et privilégié.

C'était, hélas! déjà le malaise que les abus de l'opportunisme avaient créé avant 1888. La campagne revisionniste y puisait le meilleur de sa thèse. Déjà aussi, le parti républicain ressentait vivement les conséquences du scrutin d'arrondissement. Déjà il essayait de se rajeunir en demandant au scrutin de liste un renouvellement de son personnel dirigeant et une réforme de ses mœurs politiques. L'expérience fut faite en 1885, et elle nous apporta une démonstration expérimentale que nous évoquons aujourd'hui à l'appui de la R. P. — Cette expérience fut si concluante qu'on se demande comment des hommes réfléchis peuvent encore se faire illusion sur les vertus du scrutin de liste pur et simple. La Chambre de 1885 reproduisit l'image fidèle des Chambres majoritaires qui l'avaient précédée, mais avec une aggravation. Elle était majoritaire à un degré supérieur, à la millième puissance. Elle roulait sur les départements républicains comme l'écraseur qui fait le macadam plus solide et plus lisse. Mais elle abandonnait les minorités républicaines sans secours aux tourbillons du boulangisme qui enroulait et emportait dans son cortège conquérant tous les malentendus, tous les mécontentements, toutes les revendications. M. J.-L. Breton est un grand simplificateur d'histoire, qui ne voit pas dans le mouvement de la masse autre chose que le boulangisme lui-même. Nous y avons toujours vu, nous, les combattants de cette époque, une plainte justifiée, une irritation légitime, un jugement instinctif et grossier, sans doute, mais une condamnation méritée du système oppressif et mesquin qui remettait toute l'existence du pays à une association d'hommes habitués à le gouverner presque sans contrôle.

C'est précisément cette expérience que nous

ne voulons plus recommencer, pas plus que nous ne voulons laisser ce pays exposé à un retour du boulangisme.

Un jour, il se soulèvera, fatigué jusqu'au dégoût de divisions intestines : il secouera d'un coup de reins la chaîne qu'on lui fait porter. Un jour, les combinaisons, où les partis politiques perdent leur dignité et leur caractère, lui mettront au cœur la volonté de s'affranchir. Il accueillera alors comme un sauveur l'homme habile qui lui parlera uniquement des grands intérêts nationaux, le sophiste qui se fera reconnaître pour protagoniste de la France, personnage traditionaliste et héroïque dans la lutte dramatique des peuples.

Et ce jour n'est peut-être pas très loin. Il n'y a qu'à ouvrir les yeux pour apercevoir les étranges résultats auxquels aboutissent les trop savantes combinaisons dont je parle. L'incident des élections municipales de Toulon n'est pas le moins instructif de tous ceux qui se sont produits sur le terrain municipal, depuis quelques années.

Il a déterminé M. Clemenceau, sénateur du Var, à donner sa démission du parti radical-socialiste[1]. M. Clemenceau s'est déclaré anti-proportionaliste. S'il ne voit pas dans le désordre des affaires radicales-socialistes à Paris et à Toulon,

1. Janvier 1910.

une raison sérieuse de définir chaque parti et de
le laisser opérer avec ses troupes, c'est qu'il
refuse, lui aussi, de se rendre à l'évidence. La
ville de Toulon a été administrée depuis de
longues années soit par des socialistes purs,
soit par des radicaux-socialistes socialisant.
Et les uns l'ont aussi déplorablement mal
administrée que les autres. Les conseils muni-
cipaux de Toulon faisaient de la bien belle politique, mais ils faisaient de déplorables finances.
Tant et si bien qu'ils se sont rendus impossibles.
Un renouvellement général devint nécessaire. Un
parti républicain s'organisa, composé d'hommes
sans panache mais aussi pondérés que le permet
le climat du Midi, c'est-à-dire avancés dans
les intentions et prudents dans les actes. La
genèse de ce parti était un bienfait pour la cité
qu'elle tirait de l'anarchie. Il réunit tout de suite
une masse de suffrages (de 3.680 à 4.293 voix). La
liste des socialistes unifiés obtint de 3.249 voix
à 3.859. La liste radicale et radicale-socialiste de
la municipalité démissionnaire recueillit de
721 à 900 voix.

Au scrutin de ballottage, la première liste vit
passer 33 des siens. Trois unifiés furent élus.

Entre temps, le Comité du parti radical et
radical-socialiste consulté conseillait à ses
adhérents de voter pour la liste des unifiés.
C'est là-dessus que M. Clemenceau a donné sa
démission d'un parti qui met son organisation

« au service de ses ennemis les plus caracté-
risés ».

Qui oserait reprocher sérieusement à M. Clemenceau cet acte courageux? Le parti socialiste
a manifestement lassé les électeurs de Toulon
par une gestion coûteuse et désordonnée. Les
radicaux-socialistes purs ont été aussi très peu
idoines à gouverner cette grande ville — et il y
faut peut-être plus de vigilance et d'application
qu'à gouverner l'État.

Et voilà que le comité du parti radical fait
voter ses adhérents — leur liste étant battue —
pour la liste des unifiés! Pourquoi? Parce que,
dit-on, la liste républicaine portait des noms réactionnaires. Des personnes renseignées démentent
cette assertion. En tout cas, elle avait à sa tête
des républicains anti-cléricaux très estimés. Mais
peu importe.

De cet imbroglio, auquel les électeurs ont mis
fin en se donnant une municipalité intelligente
et capable de bonne gestion, il découle une
moralité, et c'est toujours la même.

Les partis politiques fatiguent le suffrage universel. Leurs batailles coûtent cher aux villes.
Les électeurs, après des expériences diverses
— et parfois cruelles, — se rallient à des combinaisons de partis où ils aperçoivent des garanties de scrupules et de contrôle. Pourquoi les
obliger à de tels calculs, pourquoi ne pas leur
offrir ces garanties dès la première heure ? Pour-

quoi, dans l'œuvre municipale, ne pas admettre
es minorités à faire contrepoids à la domination trop absorbante d'une coterie?

La R. P. s'imposera dans l'ordre municipal
comme dans l'ordre législatif.

Car, à n'en plus douter, elle s'imposera. Ses
adversaires lui apportent un concours dont il
n'y pas lieu du reste de leur être reconnaissant.
Ils la servent par cette fatale logique qui en-
chaîne l'esprit critique au raisonnement. Le discours de M. Émile Combes au banquet anti-
proportionaliste[1] n'a pu échapper à cette loi.

L'ancien Président du Conseil n'a pas commis
la faute de se faire le champion du scrutin
d'arrondissement. Il en a, fort habilement du
reste, indiqué les graves faiblesses. Par cela
seul il justifiait la campagne entreprise contre
ce système électoral.

Mais un passage de son discours devait produire un effet imprévu et contraire à sa thèse.
C'est celui où l'éminent orateur exprime l'idée
que le scrutin actuel, malgré ses imperfections,
a été l'instrument des grandes réformes : « Le
voilà, ajoute-t-il, qui annonce l'avènement prochain du socialisme d'État et permet d'entrevoir
à l'horizon l'ère naissante de la nationalisation
des grands services publics et de celle d'une
partie du sol... » Le lendemain du jour où ces

1. 20 décembre 1909.

paroles furent énoncées, M. Jaurès avait avec M. Combes un entretien dont il a rendu compte dans *L'Humanité*.

M. Combes entendait par ces derniers mots : « la nationalisation d'une partie du sol », la nationalisation des mines. Et M. Jaurès interprétait ses déclarations de la manière suivante :

« Ainsi, au nom des radicaux arrondissementiers qui l'acclament, l'ancien Président du Conseil dit aux socialistes, en substance : « Abandonnez votre dangereuse chimère de la « proportionnelle, et le parti radical fera vers « vous un grand pas sur le chemin des réformes « sociales que vous demandez. »

Et le même Jaurès de répondre à cette offre alléchante :

«Ah ! que nous voilà loin des anathèmes radicaux de naguère ! Quoi ! pas le plus petit couplet contre l'anarchisme de la Confédération, contre la complicité du socialisme avec le sabotage et les violences de l'action directe ! Pas la moindre évocation de la patrie menacée par nous ! Tout cela n'était pour les radicaux qu'un jeu de controverse. Qu'on écarte d'eux le calice de la réforme électorale et ils sont tout prêts à reconnaître notre vertu républicaine et patriotique, et à faire alliance avec nous pour réaliser le programme de Saint-Mandé. C'est du moins ce qu'ont signifié les radicaux d'arrondissement par leurs applaudissements au discours de M. Combes. »

Sans doute il est juste de rendre raison à Jaurès.

Socialisme n'est pas anarchisme. Et dans l'état actuel des choses, que serait la nationalisation des mines, sinon l'aventure la plus périlleuse pour tous, pour l'État qui est encore incapable de se donner des méthodes de gestion industrielles, pour les mines qui seraient mal exploitées, pour le socialisme lui-même qui refuserait de s'y reconnaître ?

Mais il résulte au moins des paroles de M. Émile Combes que les partis sont sans cesse tentés par des alliances et des transactions où ils ne font que compromettre leur valeur et dénaturer leur figure.

Et c'est justement la plus forte raison qui les sollicite à adopter la représentation proportionnelle. Chacun pour soi, mais aussi chacun *avec* tous.

IV

LES QUINZE MILLE
ET LES INCOMPATIBILITÉS

Un nouveau député a choisi pour ses débuts à la tribune le procès de l'indemnité parlementaire. Aussitôt on lui a répliqué par la proposition créant l'incompatibilité du mandat de député avec la fonction d'administrateur d'une société financière.

Faut-il parler des quinze mille ? Pourquoi pas. On en parle, parlons-en. La pire situation pour un homme est qu'il soit obligé de garder le silence sur une chose dont le reste de l'humanité s'entretient. De même pour un parti. Si le parti républicain prend la résolution de se taire à propos des quinze mille, ce sera une raison très suffisante pour que ses adversaires s'acharnent à en parler. Les quinze mille deviendront la casserole électorale, si j'ose ainsi parler, du parti républicain.

Ils la deviennent, du reste. Pourquoi? Justement parce que le parti républicain n'a pas l'air de vouloir engager la conversation là-dessus.

Il a tout à fait tort de prendre cette direction tangentielle. La meute qui le poursuit veut faire un boucan d'enfer avec cette histoire. S'il fuit, la casserole qu'on lui a attachée au bon endroit va faire un beau tintamarre : elle bondira sur le pavé et y fera sonner son cuivre fêlé : vous verrez une quantité de badauds jusque-là inoffensifs se mettre à la poursuite et hurler avec les chiens.

Le mieux qu'ait à faire le député est donc de tourner vers ses adversaires la partie de son individu que la nature a le mieux douée pour la lutte.

Faire face, il n'y a encore que ce simple procédé de bataille si l'on veut avoir quelque chance de vaincre. Quand donc un membre de la majorité comme mon honorable collègue M. Dalimier ou M. Zévaès réplique à une proposition anti-quinze mille par une proposition anti-cumul, il commet, à mon humble avis, une grosse maladresse. Son attitude n'est pas crâne. C'est celle du monsieur qui répond : « Vous en êtes un autre. » Peut-être en réunion publique la riposte est-elle suffisante; à coup sûr, elle est un peu usée.

Le corps électoral n'est évidemment pas sympathique aux administrateurs des grandes sociétés financières. Mais cette antipathie n'exclut pas nécessairement de son cœur le sentiment anti-parlementaire. Il existe même une raison très forte pour que ces deux aversions y cohabitent et y fassent très bon ménage. Elles sont sœurs. Elles tettent le même lait maternel. M. Prud-homme dirait qu'elles sont filles de la démagogie jalouse, haineuse et sotte. Et il ne se tromperait pas.

Pourquoi, en effet, certains électeurs reprochent-ils aux députés leurs 15.000 francs? Pour les mêmes raisons que les électeurs de l'Assemblée législative de 1850 reprochaient aux représentants leurs 9.000 francs.

Les nationalistes ont repris ce thème, que les bonapartistes et les blouses blanches faubouriennes exploitaient avec succès au temps de la République de 48. Les grands stratèges politiques tiennent à cet aphorisme qu'il faut toujours se servir des moyens qui ont réussi. Celui-ci a été pour quelque chose évidemment dans le succès du coup d'État de 1851. Aura-t-il le même succès aujourd'hui ? Je ne le crois pas. Mais il faut se méfier. L'atmosphère de 1850-51 était tout à fait favorable au développement de la maladie démagogique. A relire les feuilles du temps, on est frappé de la gravité de la contagion. Tous les hommes de gouvernement qui parlent à la foule ou qui écrivent pour elle s'efforcent de lui prouver que la parfaite égalité des fortunes est un mythe dangereux. On sent que la période d'effervescence antérieure, qui avait eu un point de départ purement idéaliste, aboutissait à une folle convoitise et à une ruée de l'envie.

Nous sommes, quoi qu'on dise, très loin de cette pathologie. Ceux qui l'escomptent pour des manifestations de bonnets à poils... ou des pèlerinages de rédemption retardent sur le siècle. La vie selon les temps a des directions très différentes. La société actuelle est moins favorable aux ferments que celle de 1848. L'éducation étroitement idéaliste de ce temps formait des réfractaires, des cerveaux surchauffés, bourrés de principes spiritualistes et communistes étrangers aux réalités. On vivait sur soi-même. Des cadres de la révolution il restait des aigris, des déçus, des affamés. La vie contemporaine est moins enclose. Les crises politiques et économiques atteignent avec moins de cruauté les couches profondes.

Les réfractaires ont d'autres ressources que l'agitation dans la bohème politique. Encore faut-il prendre garde à la vieille démagogie qui sommeille. Il n'y a aucun intérêt pour personne à rapprocher dans l'esprit populaire le député gavé de profits — le quinze mille en un mot — et l'administrateur de société. La déesse dévorante ne se satisferait pas de ce sacrifice. Elle exigerait qu'on immole les avocats, les professeurs, les industriels, les commerçants et de proche en proche tous ceux qui gagnent leur vie. Quelle ligne frontière serait-il possible de tracer entre ces deux domaines, le nécessaire et le superflu? L'incompatibilité, comme son nom l'indique, repose sur une suspicion. Elle implique une contradiction entre l'intérêt personnel et la conscience de l'homme public. Or, il n'est personne qui ne soit, à un moment donné, exposé dans une assemblée à découvrir le point de conflit de ces deux éléments. Et, à prendre les choses telles qu'elles sont, la conscience du député est à chaque instant l'arbitre non désintéressé de ces deux adversaires, le devoir et l'intérêt. Il n'y a pas que l'intérêt d'argent. L'intérêt d'argent est encore celui que la lanterne du for intérieur éclaire le plus aisément. Le métal reluit au premier rayon. Mais il y a l'intérêt sournois, qui sait se tapir dans un repli du cœur, qui se dévoile au bon moment et qui trouve le moyen, d'un geste adroit, d'aveugler la lanterne.

On a un parent à caser. La conscience commande de voter contre le gouvernement, mais le gouvernement distribue les places. Voici le postulat du petit drame journalier. Grand drame en vérité parce qu'il élargit la scène. envahit toute l'assemblée et finit presque toujours par le triomphe du traître. Et les choses ne se passent pas comme à l'Ambigu du boulevard. Là, le traître sort par la porte des artistes, il est hué

par la voix du peuple descendu du poulailler.
Ici, le traître sort par la grande porte, et le chant
du coq et le gloussement des poules le saluent
au passage. Le traître est l'homme facile, le bon
garçon, le gouvernemental, l'aimable distri-
buteur de places, courtisé, adulé et souvent chef
de parti.

Ce qu'il a trahi est si peu de chose ! Son parti
ou l'intérêt public. Que ça ! Si donc le projet de
créer des incompatibilités est une chose sérieuse,
il faudrait l'étendre à tous ceux qui ne vivent
pas strictement de l'air du temps : aux avocats
exposés à croiser les intérêts de l'État au cours
d'une plaidoirie ; aux professeurs tentés de
sacrifier leurs cours au Parlement ou le Parlement à leurs cours ; aux filateurs intéressés à se
faire protéger ; aux agriculteurs aussi protection-
nistes par nature ; aux rentiers conservateurs
par définition, en un mot à ceux qui travaillent,
même à ceux qui ne font rien. N'oublions pas
surtout ceux qui seraient assez faibles pour
solliciter un ministre en faveur d'un parent,
d'un ami ou d'un électeur ! Mais où donc se
cachent « les non incompatibilisables », ces
êtres de rêve, ces essences de vertu ?

On voit d'ici une Chambre composée de cinq
cents entités vertueuses, ombres volatilisées de
l'Hadès et pures et blanches et nues avec une
fleur d'asphodèle à la boutonniere. Ce serait très
chic.

En vérité, la contre-proposition de M. Zévaès a le grand inconvénient d'étoffer cet ensemble de manifestations démagogiques. Elle donne au parti républicain l'apparence d'accepter la discussion misérable qui ne fait guère d'honneur aux réactionnaires qui la soulèvent.

Combien nous ferions mieux nous tous, les quinze mille, de revendiquer hautement notre vote, de triompher de l'effondrement de nos adversaires réduits à nous attaquer par ces moyens ! Il n'en est pas un qui dédaigne l'indemnité parlementaire ! Tous en agréent le principe comme légitime. Le relèvement que le Parlement a voté est loin de représenter l'accroissement de la valeur de l'argent depuis le moment où ce principe fut admis.

Si les députés offrent au pays un travail sérieux, un contrôle serré des dépenses et un souci persistant de relever l'État, ces campagnes tapageuses n'exerceront sur le corps électoral aucune influence : tout est là.

LE PARTI RADICAL

I

L'AVENIR DU PARTI RADICAL

La Chambre actuelle [1] est une Chambre radicale. La division de la majorité en radicaux et en radicaux-socialistes est négligeable. Elle ne prend une certaine importance que dans les questions relatives aux exploitations d'État et aux monopoles. Encore aurons-nous l'occasion de remarquer que ce n'est pas là un article de doctrine. Ces deux grandes fractions n'ont pas de frontière déterminée. Chaque député s'y classe à l'occasion suivant son tempérament personnel.

La majorité radicale issue des élections de 1906 est telle qu'elle pourrait gouverner par elle-même et sans recourir à la collaboration d'aucun autre groupe républicain.

Elle comprend, en effet, 140 radicaux-socialistes, 115 radicaux et 77 républicains de gauche

1. Écrit après les élections législatives qui ont eu lieu les 6 et 20 mai 1906.

gauche démocratique et union démocratique).

Soit au total environ 330 députés; mais cette force numérique n'est pas toute la force du parti radical. Elle n'aurait peut-être pas suffi à assurer à un gouvernement constitué uniquement d'éléments radicaux une existence tranquille et durable, double condition d'un travail sérieux et des réformes souhaitées. En effet, notre politique est soumise à trop de vicissitudes et d'incidents pour permettre le gouvernement exclusif d'un parti. Elle opère sur un sol encore tout mouvant du travail des passions religieuses et dynastiques. Elle subit des secousses fréquentes qui, sans modifier profondément son assiette, cependant atteignent soudainement la solidité de certains hommes et provoquent des changements de mains. Puis l'esprit français a des soubresauts. Ses méthodes sont mal définies. Les affaires s'en ressentent et notamment à l'extérieur où elles sont conduites à la fois avec témérité dans le dessein et timidité dans les moyens.

Ce sont là des causes de faiblesse qui, en Angleterre, n'existent pas, parce que chaque parti y a ses hommes et ses méthodes très définis et très connus, et surtout parce que chaque parti est très solidement constitué. Les incidents personnels, les accidents, peut-on dire, qui atteignent à chaque instant nos hommes politiques, y sont inconnus; la bascule qui porte à ses extrémités les libéraux et les conservateurs oscille lentement; elle n'est point affectée de ces secousses innombrables et imprévues qui tendent à faire lâcher prise à tel ou tel individu et sont parfaitement étrangères aux grandes directions des partis.

Il résulte donc de nos mœurs politiques qu'un gouvernement a intérêt à ménager le plus qu'il peut les fractions voisines du parti qu'il représente par sa politique; ce faisant, il englobe une plus large clientèle parlementaire et accroît sa base de résistance.

Enfin, il y avait jusqu'ici, entre les programmes des divers groupes républicains, des frontières assez indécises que la politique anticléricale avait troublées encore davantage. Le centre gauche républicain, qui, par tempérament, par le passé de ses chefs, par ses principes et sa doctrine, se rapproche certainement de la masse des radicaux, était devenu le noyau le plus solide de l'opposition conservatrice.

De là, la nécessité, pour la majorité, d'accepter fréquemment le concours des socialistes révolutionnaires.

C'étaient donc là autant de causes d'incertitude et d'hésitation dans la direction de la majorité radicale antérieure aux scrutins de 1906.

Mais un événement capital est intervenu vers cette époque qui a modifié d'une manière profonde le caractère du parti républicain pris dans sa plus large acception. C'est la séparation de l'Église et de l'État. Tant qu'elle n'était qu'un article du programme réservé aux radicaux, la séparation était une cause grave de désaccord avec les modérés. Elle était le tremplin radical par excellence. L'anticléricalisme opportuniste n'était guère différent de l'anticléricalisme radical, mais l'un devait tendre à la suppression du budget des cultes, l'autre tendait à l'application aussi rigoureuse que possible du concordat.

Avec la séparation, cette distinction a disparu. Et les deux groupes si longtemps ennemis, d'une inimitié irritée et violente, ne se sont plus trouvés divisés par une doctrine, par une thèse philosophique et politique. Le souci commun de faire face à la tactique tortueuse du Vatican, les a brusquement réunis.

La politique républicaine, à ce moment, a eu besoin du concours de tous les hommes de sang-froid et de tous les républicains attachés aux principes de la Déclaration des droits de l'homme. Elle devait opposer aux violences calculées et masquées de la politique du pape la logique rigoureuse et tranquille de l'esprit tolérant et surtout une patience à toute épreuve.

Non seulement, la séparation accomplie, les républicains étaient d'accord pour en maintenir le principe et le fait; mais ils se trouvaient encore rapprochés dans une collaboration véritable que leur origine commune et leur commun caractère rendaient facile.

Ainsi, en arrivant au Palais-Bourbon, la majorité radicale n'avait plus à compter avec cette opposition ardente du centre qu'il avait rencontrée dans l'élaboration des lois sur les associations et sur la séparation.

Il est vrai que le centre a un programme presque radical. Il ne comporte ni l'impôt sur le revenu, ni le rachat des chemins de fer. Mais l'expérience de ces dernières années permet d'affirmer que ce sont là des articles sur lesquels les transactions sont permises et souhaitables.

Le centre n'est pas, il s'en faut de beaucoup, aussi résolu dans sa résistance à ces réformes que dans son opposition ancienne aux lois anticléricales. Il s'inspire volontiers dans ces questions d'ordre financier et économique de la méthode des conservateurs anglais qui, en arrivant au pouvoir, s'appliquent à réaliser avec modération les réformes libérales. C'est M. Poincaré qui a introduit dans la loi la progression de l'impôt sur les successions. Et il ne lui a pas répugné de s'associer à la politique radicale de M. Sarrien, en annonçant et définissant un projet d'impôt sur le revenu.

De même le rachat des chemins de fer[1] ne

____

1. A la suite du vote de la loi du 13 juillet 1908, l'État a pris possession du réseau de l'Ouest.

suffit pas à faire la coupure entre les radicaux et le centre. A certains membres du centre, il apparaît comme une opération qui ne serait pas la réalisation d'un article de programme politique, mais une mesure de bonne gestion administrative. Parmi les radicaux, il est beaucoup d'esprits positifs qui ne se piquent pas de mots et qui ne considèrent pas l'exploitation de quelques monopoles par l'État comme un article de foi politique, mais qui y voient simplement l'intérêt réel et actuel de l'État.

Je reviendrai tout à l'heure sur ce sujet, qui demande des développements spéciaux.

Si donc le rachat ne se présentait plus comme le commencement d'une entreprise générale, l'affirmation d'une doctrine; s'il s'offrait comme touchant, non à l'ensemble du réseau français mais à une compagnie particulière, s'il visait l'exécution d'une clause contractuelle, la question pourrait être envisagée par les républicains modérés sans irritation et sans inquiétude. En fait, ils sont bien obligés de convenir que le rachat est la sanction des conventions. C'est même la seule sanction des conventions. Si une compagnie lèse l'intérêt général sur un point de détail, si elle méconnaît l'autorité du gouvernement, elle n'encourt aucun risque à moins que le gouvernement n'ose la menacer du rachat. Sans doute la mesure est grosse : c'est une massue qu'il faut brandir quand il suffirait parfois d'appliquer un pensum.

Mais à qui la faute? Pourquoi cette disproportion de la sanction par rapport à la faute? Demandez-le aux républicains qui formaient la majorité de 1883 et qui ont contracté avec les Compagnies sur des bases aussi avantageuses pour elles. Quelques-uns siègent encore au centre.

D'ailleurs, le rachat ne soulève même pas nécessairement cette controverse. Il peut se présenter à peu près dans les mêmes conditions que le rachat des petites compagnies, en 1878. Ces compagnies avaient fait faillite; il fallait cependant assurer le fonctionnement des lignes qu'elles avaient construites. Une région importante de la France y était intéressée. La reprise de ces lignes par l'État s'imposait.

Aujourd'hui, il ne s'agit plus évidemment de l'existence même d'un réseau ferré. Mais il s'agit d'un réseau endetté, mal orienté depuis son origine, et dont les méthodes d'exploitation exigent une réforme totale. Or, les chemins de fer ont pris une telle place dans la vie laborieuse du pays qu'on n'a plus le droit de pardonner une exploitation indigente. Elle est une faillite morale et économique. Elle eût été une faillite véritable sans la garantie de l'État. Le rachat de l'Ouest est donc comparable à celui de 1878. Il a cet avantage, même pour les Compagnies, d'éli-

miner celle dont la gestion prêtait à leurs adversaires des arguments vraiment irréfutables.

Mais si le rachat a ce caractère d'une sanction économique et industrielle à l'insuffisance
d'organisation d'un réseau, il faut qu'il soit en
même temps un engagement pour l'État de
mieux exploiter. Et il n'est vraiment acceptable
pour les esprits sagaces qu'à la condition de
correspondre à une organisation très forte et
très autonome du réseau de l'État. C'est ce que
nous verrons avec plus de précision encore tout
à l'heure. Mais il était indispensable de le dire
ici, afin de bien montrer que les républicains
modérés peuvent être amenés à envisager sans
inquiétude la réalisation de l'un des articles les
plus contestés de la politique radicale.

D'autre part, l'effort de Guesde et de Jaurès
pour enfermer tous les éléments socialistes dans
une formule purement révolutionnaire avait
échoué. Un élément important était resté attaché
à la politique d'entente avec les partis bourgeois.
Cet élément pouvait apporter une collaboration
utile aux radicaux dans l'élaboration des lois sociales. Ainsi à son aile gauche comme à son aile
droite, la majorité était certaine d'être sinon
soutenue, du moins acceptée. De son horizon
était écartée toute menace d'orage. Elle pouvait
envisager son lendemain avec confiance et accepter résolument la responsabilité du pouvoir.

Peut-être même la sérénité de son ciel était-elle trop parfaite. Le parti radical depuis 1899 avait vécu de luttes incessantes. Aujourd'hui, il a devant lui une opposition cléricale réduite à des proportions dérisoires et dont les chefs eux-mêmes se sentent mal à l'aise dans une politique aussi peu française par ses moyens que par son but. La droite n'est plus que l'ombre d'elle-même. Les hommes éminents, qu'elle compte encore sur ses bancs sont dominés par une direction qu'ils ignorent et dont les manifestations les surprennent visiblement. Si, sous l'impression des actes du gouvernement ou des débats parlementaires, ils croient à la nécessité de répondre ou d'agir, ils hésitent, tâtonnent et, finalement, sont désavoués. Leur autorité morale ne repose plus que sur l'estime qu'inspirent leurs personnes à leurs adversaires politiques.

Voici donc le parti radical en possession d'une situation unique. Il a le nombre. Les groupes républicains qui l'avoisinent à gauche et au centre sont disposés plutôt à le seconder qu'à le combattre. Les événements se sont montrés en tout point favorables à ses volontés. Et c'est là qu'il doit apercevoir un premier danger. Il n'a plus d'opposition véritable en face de lui. L'opposition parlementaire est un stimulant nécessaire à un parti. Un parti qui veut gouverner doit prendre soin de l'opposition. Loin de viser à l'écraser, à l'anéantir, s'il est habile, il doit la *choisir* et la cultiver. D'abord parce qu'elle est nécessaire à son jeu, à la stabilité gouvernementale. En politique, il faut toujours un champion qui vous renvoie la balle.

Il est vrai que le parti radical a un autre adversaire que la droite, mais il lui en coûte de le voir. Ce n'est pas de ce côté qu'il a l'habitude, très ancienne habitude, de faire face au jeu. Il lui faut accomplir un mouvement qui le gêne et dont la nécessité semble l'humilier un peu. Jusqu'à ces dernières années, le parti radical était le plus avancé. Et ce sentiment d'être le plus avancé lui donnait une coquetterie. C'était comme une cocarde au chapeau. Chose fragile sans doute, telle la feuille de marronnier que Camille Desmoulins proposa au peuple d'arborer comme emblème de ses libertés conquises. Mais l'audace, en philosophie et en politique, a toujours été dans notre goût national. Et nous n'y renonçons pas aisément.

Malheureusement tandis que le parti radical s'obstine à regarder l'opposition à droite, c'est du côté gauche qu'il reçoit des coups. Il les sent et très vivement, puisqu'ils lui viennent d'anciens compagnons de lutte, mais il ne se décide pas à les rendre, et, naturellement, cette passivité irrite, encourage et porte au comble de l'audace le parti révolutionnaire. Tel est bien maintenant le véritable parti d'opposition : organisé, discipliné, enthousiaste, admirablement combatif.

M. G. Clemenceau est un tacticien trop avisé ; il a pratiqué trop longtemps l'art de l'opposition pour ne pas avoir, tout de suite en arrivant sur le champ de bataille, aperçu le véritable adversaire, et, en général qui connaît son métier, il a foncé sur lui. Le choc fut terrible et le chef du parti révolutionnaire en sortit évidemment meurtri. Son verbe fastueux et sa rhétorique avaient souffert de la verve et des flèches de bon sens de M. Clemenceau. Il en sera de même toutes les fois que le Président du Conseil aura à répondre à une attaque des révolutionnaires, à la condition que cette attaque s'inspire directement de la théorie collectiviste. Cette lutte s'est produite en deux circonstances mémorables. La première fut précisément cette interpellation sur la politique générale qui se déroula avec ampleur au début de la législature et où M. Jaurès entreprit l'exposé de la Société socialisée.

Ce jour-là[1], M. Clemenceau avait à répondre aux réquisitoires de M. Jaurès et les socialistes unifiés, qui critiquaient sa conduite dans les grèves du Nord, affirmaient « qu'il n'y avait jamais eu de ministère plus hostile à la classe ouvrière » et l'accusaient « d'avoir brutalement refoulé la classe ouvrière dans ses aspirations, dans ses revendications de classe ». Subissant l'entraînement de sa thèse violente, M. Jaurès

---

1. Séance du 18 Juin 1906.

était allé jusqu'à affirmer que la bourgeoisie, sans discuter, refusait presque tout aux ouvriers. Ces amplifications passionnées étaient marquées d'une évidente injustice. D'autre part, le discours de M. Jaurès comportait une partie positive où l'orateur avait essayé d'esquisser le tableau de la Société transformée par la Révolution.

Le talent de M. Clemenceau avait à s'exercer sur une matière admirablement préparée pour lui. Jamais sa verve et sa dialectique n'avaient eu à tailler et à hacher une trame aussi peu serrée.

La seconde rencontre de M. Clemenceau et de la thèse collectiviste ne fut pas plus favorable à celle-ci. C'était à la suite de la grève des électriciens. M. Jaurès reprochait au gouvernement d'avoir pris des mesures pour assurer le fonctionnement des secteurs. Ce jour-là[1] encore, M. Clemenceau eut une besogne agréable. Le collectivisme donnait, selon son expression, un immense avantage à la simple raison. Il se justifiait aisément en déclarant qu'il n'avait pu se désintéresser « de la question de savoir si Paris plongé dans les ténèbres serait livré aux malandrins ».

Quel accueil la majorité faisait-elle à l'action anticollectiviste de M. Clemenceau ? Pendant la grande discussion théoricienne de juin 1906, elle manifesta le plus grand enthousiasme.

1. Séance du 11 mars 1907.

Tandis que le trait décoché par l'orateur volait et frappait son contradicteur, elle frémissait. Et les révolutionnaires eux-mêmes ne pouvaient s'en étonner. On était au lendemain des élections et, dans toutes les circonscriptions où ils comptaient une majorité électorale en face des cléricaux, les radicaux avaient eu à lutter contre un candidat collectiviste unifié. Dans les villes et centres industriels, l'unifié se posait en champion de l'expropriation pure et simple et se gardait de perdre sa salive et son temps à esquisser l'hypothèse d'une expropriation avec indemnité. Dans les campagnes, au contraire, le thème était fort différent. Le socialisme devait respecter la petite propriété. Il en était le meilleur garant... « Je suis propriétaire, qu'on vienne toucher à mon lopin de terre, à ma vigne, malheur! j'ai mon fusil chargé! »

Ces souvenirs secondaient le gouvernement à l'heure de la belle riposte de M. Clemenceau. Ils demeurent encore au fond de la pensée des radicaux.

La seconde rencontre de M. Clemenceau avec la doctrine unifiée s'est terminée par un scrutin qui a donné 378 voix au gouvernement contre 68.

Ainsi, voici très nettement fixée l'attitude du gouvernement et de la majorité vis-à-vis du socialisme unifié. Mais j'ai eu soin de faire observer que cette attitude se manifestait à l'égard du parti socialiste quand il expose ouvertement sa doctrine.

En est-il de même dans tous les actes de la politique, dans l'administration du pays? Et d'abord, il convient de regarder avec attention la tactique du parti socialiste unifié?

Est-il un parti parlementaire? Se prépare-t-il dans l'opposition à exercer le pouvoir à son tour?

Respecte-t-il la méthode et l'ordre par quoi on maintient l'État dans sa pérennité? En aspirant à donner à la société une forme nouvelle, conservera-t-il cependant une base sur laquelle il pourra asseoir son propre édifice?

Il importe de discerner, dans l'action socialiste révolutionnaire, deux manières bien différentes. M. Jaurès les a indiquées : révolutionnaire, le parti socialiste unifié ne perd jamais de vue son œuvre de destruction, mais il ne refuse pas son concours à des réformes et à des améliorations.

Il est évident que ces deux termes ne sont pas inconciliables. Bien au contraire. Nul mieux que le parti socialiste n'était qualifié pour devenir un grand parti d'opposition parlementaire. Son pur idéalisme le mettait à l'abri des misères que la jouissance du pouvoir apporte fatalement avec elle.

S'il était resté dédaigneux des faveurs bourgeoises de la clientèle politique, il aurait pris le ton des grandes oppositions. C'est lui qui aurait critiqué les injustices, les tyrannies, les abus de pouvoir, le népotisme, le gaspillage et cette prééminence des fonctionnaires et de la bureaucratie qui tend à devenir sous la République un fléau aussi redoutable que dans l'empire russe.

Mais les socialistes unifiés n'ont pas échappé aux inconvénients et aux ingrates besognes de la politique. M. Clemenceau n'a pas manqué de l'indiquer en passant. Et ils se sont trop souvent réjouis de la facilité avec laquelle un gouvernement centralisé à l'excès et servi souvent avec trop de zèle par ses agents, permet à ses amis les abus du pouvoir et la tyrannie.

Ce n'est donc pas dans son contrôle parlementaire que le parti unifié a puisé son autorité morale.

Est-ce dans son système révolutionnaire? Il est difficile de porter sur lui un jugement défini, parce que lui-même est fort indéfini.

M. Jaurès, dans son discours du 16 juin, n'a pas ajouté beaucoup de précisions à celles que nous pouvions avoir par les ouvrages de propagande qui servent à l'instruction des masses.

Le tableau dressé par lui de la Société socialiste n'a rien qui satisfasse mieux l'esprit que le saint-simonisme et le fouriérisme. Au contraire, il y a entre le communisme des précurseurs et celui de M. Jaurès cette différence que le premier séduisait par un idéalisme transcendant. L'humanisme de Saint-Simon exaltait un sentiment fraternel. Le fouriérisme a gardé la supériorité d'une analyse très pénétrante de la nature humaine et des faits sociaux. Et son système a déposé au fond de nos institutions quelques vérités très fortes qui ont germé et porté des fruits magnifiques tels que la coopération et le mutualisme. Le socialisme allemand qui a voulu se donner pour charpente une théorie scientifique des phénomènes sociaux n'a rien ajouté aux observations antérieures, et sa synthèse sociale laisse apparaître une imagination vraiment indigente. La question la plus importante qu'ait traitée M. Jaurès, dans son discours du 16 juin, fut l'expropriation de la propriété capitaliste. Serait-elle faite avec indemnité ou sans indemnité? Sujet vraiment vain et qui n'avait que l'avantage de donner un peu de substance à une discussion assez vide. En quoi peut-il intéresser des capitalistes de savoir s'ils recevront une indemnité après l'expropriation de leurs biens? à rien, puisque « dans la Société transformée, quand le capital privé de production aura été socialisé, les valeurs d'indemnité qu'auront reçues les capitalistes de la veille ne leur permettront plus d'acheter des moyens de production, de rente et de profit ».

Et il tombe sous le sens que, si ces *valeurs d'indemnité* avaient une valeur réelle quelconque, leurs possesseurs pourraient encore se refaire une fortune, ce qui sera absolument interdit, la révolution ayant pour but de supprimer leur superflu.

La théorie de transformation totale et subite exposée par M. Jaurès n'a pas plus de solidité que toutes ses devancières et elle a la faiblesse, arrivant après bien d'autres, après plusieurs révolutions, de négliger ce fait capital, c'est que les expropriations, les faits révolutionnaires n'ont jamais eu la vertu d'engendrer les résultats systématiques que leurs auteurs avaient recherchés. Elles n'ont été que des phénomènes à caractère de cataclysme qui ont subi à leur tour l'action de la vie et ont eu des conséquences tout à fait imprévues. On les aperçoit dans l'histoire à peine marquées par quelque relief anormal comme les grands éboulis de montagne qui ont cependant enseveli des existences et des cités. Des ruines et des douleurs qu'elles ont causées il ne reste qu'un pâle souvenir. La grande parure de la vie a tout envahi. Elle les recouvre et les absorbe, ayant refusé de modifier ses lois en une seule journée.

Est-ce par sa participation aux travaux parlementaires que le parti socialiste unifié a fondé son influence?

Certes, nous aurions mauvaise grâce à nier l'autorité qu'il a exercée au cours de la dernière législature. Les circonstances et la faiblesse du parti radical lui avaient permis de placer son leader à la tête de la majorité. Mais cette autorité, il en a usé et abusé. Né de la liberté, ne devant attendre de progrès que de la liberté et de l'excès même de la liberté, il s'est fait, sans nécessité, l'héritier de la tradition intolérante et dogmatique. Et on l'a vu surveiller les membres de la majorité selon des moyens qui conviennent mieux à la besogne de la police qu'à celle du Parlement. Aussi les nouveaux députés appartenant au parti radical, instruits de cette surveillance, semblent résolus à se soustraire à « la vieille servitude [1] ».

Mais ce régime était le résultat de la participation du parti socialiste à la délégation des gauches. Le jour où il commençait à collaborer avec les autres groupes, il se privait de son instrument d'action le plus efficace : la libre critique.

Cependant son rôle pourrait être considérable dans la préparation des lois. Parti social, dégagé des responsabilités gouvernementales, il pourrait s'appliquer, toutes les fois que l'occasion lui en est offerte, à organiser l'État, à fortifier l'intérêt général, auquel sans cesse les intérêts privés livrent des assauts furieux. Mais ce n'est pas ainsi qu'il a compris sa mission. Il accepte toutes les revendications sans examen. Il refuse

---

1. V. M. AJAM, *Les nouveaux parlementaires* (*Le Censeur*, 30 mars 1907).

le vote du budget et ne cesse de rechercher la clientèle de tous les fonctionnaires. Il attise les sourdes révoltes des agents de la loi contre leurs chefs et accueille toutes les dénonciations. S'agit-il d'organiser un grand service public comme les chemins de fer de l'État ? On voit des socialistes lutter pour une organisation purement politique du réseau, mettant tous les pouvoirs aux mains du pouvoir politique. Le calcul est habile. Ils savent par expérience tout ce qu'ils peuvent obtenir d'un ministre par la menace d'un débat parlementaire. Pourtant cette œuvre-ci est décisive. Les programmes des deux partis se touchent en cet article : le rattachement à l'État socialiste et radical des grands services publics monopolisés.

Ils le justifient par l'intérêt financier de l'État, l'intérêt général, l'intérêt de la collectivité nationale. D'autre part, les adversaires des monopoles d'État accusent celui-ci d'être impropre aux exploitations économiques. Il n'a pas la forme industrielle de l'activité. Il est administratif. Ses agents et employés sont désintéressés de l'entreprise. Ce sont des fonctionnaires. Ils s'autorisent d'influences politiques, etc.

A ces objections, nous répondrons que, dans l'état actuel des choses, ces faits sont généralement exacts, mais qu'ils ne tiennent pas nécessairement à la nature du rôle de l'État; que ce rôle doit se modifier suivant les besoins de la nation ; qu'il doit imprimer aujourd'hui à son activité un caractère industriel et organiser ses services de manière à les mettre à l'abri des interventions politiques, à les vivifier, les protéger de la routine et de la rouille administrative. Est-ce un rêve absurde ? Nous montrons des exploitations d'État bien conduites, tels les chemins de fer suisses, les chemins de fer prussiens, notre propre réseau qui, malgré ses origines et sa distribution, donne des résultats au moins comparables à ceux des compagnies.

Mais il ne faut pas se dissimuler que les adversaires de cette thèse reçoivent un renfort inattendu. Le désordre où des agents et fonctionnaires de l'État nous conduisent en se mêlant à l'agitation syndicale est fait pour justifier leurs appréhensions.

Tous ceux donc qui voudraient accroître l'importance de l'État et élargir son rôle devraient réagir contre l'anarchie et travailler à rétablir la discipline dans les services publics.

Le parti socialiste unifié a adopté justement la tactique la plus propre à inquiéter les plus rudes partisans de l'étatisme. Il vote la création ou l'accroissement des monopoles, mais en même temps il donne tout son appui aux grèves des agents de l'État. Ses groupements entretiennent dans les arsenaux un état d'anarchie peu compatible avec l'œuvre de la défense nationale. Ses chefs, loin de désavouer l'action dissolvante de la Confédération du travail, lui prêtent, suivant le mot de M. Clemenceau, leur discrète collaboration. Et il ne dépend pas d'eux que cette collaboration cesse d'être discrète. La Confédération les tient à l'écart et ils en éprouvent une gêne visible : si elle les appelait, ils accourraient.

On peut dire que les œuvres de l'État n'ont pas d'adversaires plus dangereux que les socialistes révolutionnaires. Ils travaillent à l'encontre de l'évolution sociale qui, de toute évidence, exige des diverses communautés : villes, départements, services publics, etc., une participation plus intime et plus étendue à l'entreprise générale de la nation. L'action directe devient un de ces fléaux mêmes avec lesquels on est obligé de compter et dont l'évolution souffrira longtemps.

Ainsi, le parti socialiste unifié pratique une méthode purement révolutionnaire. Sa collaboration aux réformes n'est qu'un mot. On ne réforme pas dans le désordre. On ne fait pas avancer la démocratie quand on s'applique à troubler sans cesse son effort et à suspendre son travail. On l'amoralise, on la dissocie. On ne perfectionne pas l'État quand on sépare de lui, de sa direction, de son intérêt les travailleurs et les employés qu'il entretient à l'abri des chômages, des incertitudes et des risques qui sont la condition générale de la classe ouvrière.

On ne peut avoir la prétention de préparer la fondation d'une Société nouvelle en disloquant les forces cohésives et nécessaires de l'État. On brise la force de la loi en soufflant la révolte au cœur de ceux qui sont chargés de l'appliquer.

Cependant le parti socialiste unifié possède sur la majorité et le gouvernement une influence incontestable. Ce n'est pas une influence raisonnée, c'est une aimantation. Il n'agit ni par la force de sa philosophie politique, ni par l'attrait de sa collaboration. Il agit sur eux par suggestion. Il les trouble sans cesse par l'accusation absurde de tendre à la réaction. Et on assiste à un phénomène vraiment surprenant dont voici le processus en raccourci.

Le parti radical prend l'initiative de toutes les réformes que commande l'esprit de solidarité et les accomplit, il vote les lois sociales et ouvrières, à l'encontre des intérêts évidents de ceux qui l'ont élu. C'est son honneur, c'est l'honneur de cette classe moyenne d'avoir toujours pratiqué une politique altruiste. Les radicaux proposent et votent donc ces lois généreuses.

Immédiatement, le parti révolutionnaire cherche à faire de ces textes des armes contre eux. Il s'applique à outrer l'effet de ces réformes, il veut leur faire rendre des résultats excessifs. Telle la loi sur le repos hebdomadaire. C'était une loi, quoi qu'on ait pu dire, aussi bien faite que la plupart des lois de ce temps. Sa lettre se prêtait aux conciliations nécessaires des intérêts commerciaux et de l'hygiène ouvrière. Jamais ses auteurs n'avaient pu y voir un instrument de ruine pour une multitude de commerçants qui travaillent surtout quand les autres chôment, comme l'innombrable catégorie de l'alimentation. Personne n'avait pensé à déposer dans cette loi bienfaisante un levain de dissensions civiles. Elle devait être appliquée largement, avec tolérance, et tout le monde aurait dû prendre à tâche de s'en servir comme d'un moyen d'entente entre les patrons et les ouvriers. C'est le contraire qui s'est produit. Et quand les radicaux furent poussés à bout et contraints de protester contre la violence du mouvement syndicaliste et l'absolutisme de l'administration qui persistait à appliquer la loi dans son extrême rigueur, ils se sont vu accuser de vouloir détruire leur œuvre. Notre éloquent ami, M. Louis Puech, a fait justice de ces odieuses imputations et il avait toute autorité pour adresser aux révolutionnaires cette verte réplique : « La lutte des classes a été dans le passé comme le fond tragique de l'histoire humaine ; quand nous faisons des lois sociales, nous les faisons pour atténuer la lutte et non pour l'exaspérer. »

Cependant, le gouvernement a, jusqu'au dernier moment, résisté à la volonté exprimée par la majorité. Aimanté par les révolutionnaires, il n'osait pas faire droit à leurs si équitables réclamations.

Aimanté aussi par les révolutionnaires, l'esprit de mon si éminent collègue, M. Caillaux, tandis qu'il rédigeait le projet d'impôt sur le revenu. Nul doute qu'il n'ait tourné ses regards de leur côté en imaginant une organisation de la police fiscale qui est le trait distinctif d'une œuvre très personnelle.

Eh bien ! à propos de ces deux questions : repos hebdomadaire, impôt sur le revenu, le parti radical doit s'interroger et réfléchir. Il en est temps. Voilà deux articles essentiels du programme radical. Leur application doit-elle servir à la politique révolutionnaire ?

Si le parti radical ne garde pas la maîtrise de son programme, s'il a la faiblesse de se laisser déborder, de ces deux mesures d'équité sociale sortiront des effets iniques et ruineux. Et qui donc les supportera ?

Sont-ce les classes riches douées de la plus grande mobilité et à qui le sort permet de déplacer leur fortune et leur établissement au gré de leur caprice et de leur intérêt ? Nullement, c'est ce grand public laborieux qui édifie la cité collective, et dont l'effort a réparé toutes les brèches causées par les folies ou les témérités des gouvernements passés. C'est cette masse très intelligente et très émancipée qui nous a assuré la victoire sur le boulangisme et le nationalisme et dont la fidélité à nos idées fut inébranlable.

C'est la masse qui vote pour les radicaux. Quelle en est l'importance? Je n'ai pas le moyen d'en établir une statistique exacte; mais il est possible d'évaluer *grosso modo* sa valeur numérique. Voici d'abord les cotes foncières petites et moyennes, telles qu'elles ont été relevées en 1891. Ce sont les cotes basées sur les revenus de 5 à 100 francs, elles représentent près de 77 p. 100 du total. Quant aux patentés de même faculté imposable (soit les cotes de 1 à 20 francs), ils représentent près de 56 p. 100 de l'ensemble.

Voilà le fond et les cadres de l'armée qui a fait et défendu la République. C'est elle qu'une surveillance jalouse tracasse et opprime par l'application rigoureuse du repos hebdomadaire. C'est elle que le fisc inquiétera dans tous les actes qui intéressent son crédit et son travail, si jamais l'inquisition des inspecteurs des finances arrête son ombre sur chaque citoyen, si la loi donne à cette police le mandat de scruter les papiers de chacun comme ceux d'un comptable des deniers publics.

Le parti radical se déterminera-t-il à définir sa personnalité, à remplir son rôle, à séparer sa cause et ses responsabilités des turbulences des révolutionnaires?

Il n'y a dans cette résolution rien qui touche aux personnes. Le parti socialiste en refusant le voto du budget, en se soumettant à un mot d'ordre international, en réglant sa conduite sur celle des révolutionnaires étrangers qui, eux sont en opposition aux monarchies, renonce à être chez nous un parti de gouvernement. Il se qualifie parti d'opposition.

Il n'y a pas lieu d'accepter ses conseils ni de suivre ses aspirations.

Le parti républicain n'a rien à perdre à s'organiser sans lui. Il conservera comme avant-garde les socialistes indépendants qui viennent de fixer leurs bases et leur doctrine au congrès de Lyon [1]. Réprouvant l'action directe et la grève générale, ils se sont rangés du côté des partis d'organisation et de réforme pacifique. Leur collaboration entretiendra parmi nous la salutaire émulation qui nous a heureusement servis. Dégagé, par l'effet de la séparation, des éléments de droite, le centre aura un rôle très précieux dans la recherche des voies et mo͏ ͏s qui nous permettront d'améliorer une situation financière difficile et d'accomplir des réformes équitables.

Il appartient à ces trois fractions du parti républicain d'assumer la tâche du gouvernement.

La grande autorité morale de ce pays, autant que sa fortune, exigent l'accord de leur bonne volonté et de leurs forces ordonnées.

1. Le premier congrès national du parti socialiste français s'est ouvert à Lyon le 31 mars 1907.

II

LE SCRUTIN DE LISTE
AU CONGRÈS RADICAL DE NANCY [1]

Il y avait à l'ordre du jour du congrès de
Nancy deux questions capitales : la première
était celle du jaurésisme-hervéiste; la seconde
celle du scrutin de liste. Sur la première, c'est
l'honneur du parti radical d'avoir été unanime.
Mais, comme toujours, le parti radical n'a pas su
donner à sa pensée une formule très nette. Celle
qu'il a votée laisse, laissera place dans beaucoup
de cas à l'incertitude. Pendant que M. Jaurès
injurie les radicaux, ils se laissent encore tenter
par des rêves d'entente et de collaboration. C'est
leur faiblesse d'être très enclins à rechercher la
tyrannie de gens qui les injurient et ne cessent
de les menacer.

1. Le congrès radical-socialiste tint ses séances à Nancy
les 10, 11 et 12 octobre 1907.

Ah ! quand il s'agit de blâmer, d'excommunier des membres du parti, c'est une autre affaire. Les radicaux réservent leur sévérité pour eux mêmes.

Mais n'est-ce pas l'histoire du parti républicain tout entier ? Ne s'est-il pas toujours appliqué à se détruire, à se dénigrer, à se perdre dans des dissensions ?

Son erreur fut toujours de ne pas savoir se définir. Aujourd'hui, il hésite à traiter en adversaires des hommes qui exaltent la désertion comme un honneur et présentent l'insurrection devant l'ennemi comme un droit.

Le pays sera plus rigoureux que certains chefs du radicalisme, et il saura bien impliquer dans une même réprobation et ceux qui, défendent carrément ces théories, et ceux qui gardent des alliances ouvertes ou dissimulées avec les premiers. En somme, la question de l'antimilitarisme a rencontré au Congrès l'accueil prévu. On peut en dire autant de la deuxième question : celle du scrutin de liste.

Il s'est trouvé une majorité pour le voter, mais il s'est trouvé une majorité beaucoup plus forte encore pour rejeter la représentation proportionnelle. Cependant le Congrès avait été préparé à l'examen de cette grosse réforme par un rapport très lumineux et très complet de M. Bonnet.

Ce rapport exposait sous un jour de vérité les

misères et les hontes du système majoritaire et arrondissemental.

La souveraineté brutale du nombre et la souveraineté corruptrice de l'arrondissement, ce sont les deux institutions auxquelles la République est redevable des iniquités, des fautes, des coulages budgétaires, des abus du fonctionnarisme qui la déforment, la compromettent et la ruinent.

On ne saurait mieux que M. Bonnet décomposer le mécanisme du système arrondissemental et majoritaire. Écoutez-le :

« Nos comités nous font entendre des plaintes douloureuses. Tel député représente un arrondissement où sa majorité est précaire. Sa réélection dépend de trois ou quatre hommes dits influents, conseillers généraux, maires, et pour conserver leur concours, il subordonnera sa conduite à leurs désirs. Le mandataire perd son indépendance. est ligotté par quelques tyranneaux de canton...

« Pour consolider son influence le député s'immisce à tous les détails de l'administration de sa circonscription. Il émet la prétention qu'on n'y nomme pas un seul fonctionnaire sans son agrément, et, du modeste cantonnier ou facteur à l'agent voyer et au sous-préfet, il entend faire sentir son omnipotence. Sa préoccupation est de se composer une clientèle et de l'accroître. On le voit recommander des réactionnaires qu'il espère désarmer et s'attacher, tandis qu'on l'entraînera

à satisfaire des rancunes et à exercer des vexations sur d'autres citoyens.

« Cette détestable politique de servitude, de
brimades et de personnes ne contribue guère à
répandre les principes démocratiques ni à faire
aimer le régime. »

Voilà le mal saisi dans ses effets parmi les
populations, voilà la lèpre dénoncée par ses ravages sur le pays. Mais ce n'est pas tout.
Comme tous les régimes, celui-ci a une tête qui
gouverne, qui représente l'honneur et les intérêts de la grande collectivité nationale.

Que deviennent ces intérêts et cette dignité
sous l'effort commun du gouvernement et du
Parlement, l'un et l'autre soumis à la double
souveraineté du nombre et de l'arrondissement?

Écoutez encore M. Bonnet :

« Un pacte facile, dit M. Bonnet, s'établit entre
l'élu et le ministre. L'élu hésite à se montrer
censeur vigilant et à contrecarrer la politique
d'un cabinet dont il a besoin. Le gouvernement
lui accorde, en échange, des faveurs de toutes
sortes et, quand viendra la réélection, cédera
facilement à la tentation de pratiquer la candidature officielle au profit de cet ami complaisant. »

Et, dans ce pacte, l'intérêt du ministère et celui
de l'élu sont bien garantis. Quant à l'intérêt général, le hasard seul le sauve s'il se concilie avec
celui de l'une ou de l'autre des parties.

Ce sont bien ces vices inhérents au système actuel qui ont frappé les esprits au congrès de Nancy et qui ont déterminé une majorité en faveur du scrutin de liste. Cette majorité croit de bonne foi que le scrutin de liste fera disparaître la politique du maquignonnage. Elle ne veut pas se souvenir des résultats qu'il a donnés en 1885, où il n'a fait que réunir sur une seule liste les représentants de chaque arrondissement et les faire élire par le département tout entier.

Puis, il y a une autre raison. La représentation proportionnelle se heurte à l'éducation de l'esprit républicain.

Le républicain est pour la loi du nombre. Il est jacobin et bonapartiste. Il est pour les formes actuelles de l'État, pour les préfets à poigne, pour l'intervention du gouvernement dans les élections. Il est pour la Constitution de l'an VIII, c'est-à-dire pour la centralisation administrative et politique. Le républicain n'est pas pour la représentation des minorités. Il est pour le manche d'aujourd'hui.

Le républicain a souffert du manche d'hier et il trouve légitime de prendre sa revanche en maniant le manche à son tour. A moins qu'il ne soit un converti et alors, ayant toujours profité des faveurs du pouvoir, il lui serait pénible de s'en priver désormais. C'est un « manchiste » irréductible.

Et cela durera ainsi parce qu'il ne faut pas demander aux hommes d'être désintéressés. Cela durera jusqu'au jour où ça cassera... à moins que ça ne casse pas. Pire hypothèse, qui ferait supposer que la France se prépare à mourir comme Venise !

M. Clemenceau lui a rappelé la fin d'Athènes; on peut lui faire craindre aussi la fin de cette autre République.

III

LES ÉLECTIONS MUNICIPALES[1]

Si un parti averti en vaut deux, le parti radical doit sortir de cette dernière consultation singulièrement fortifié. Nous, qui n'avons cessé de le prévenir de l'irréductible aversion inspirée au pays par les doctrines de violence et d'anti-patriotisme, nous n'espérions pas que les élections municipales dégageraient aussi nettement ce caractère.

Il n'y a plus à ergoter. Le grand parti républicain ne veut pas reconnaître comme siennes les doctrines de mort. Il a seul la responsabilité de la direction et du gouvernement. Et du premier laboratoire de gouvernement, que représente la commune, il a évincé ceux qui s'y présentaient avec l'intention avouée ou dissimulée d'y briser les appareils de précision, d'y fausser

1. Les élections municipales eurent lieu les 3 et 10 mai 1908.

les balances et d'y gaspiller le précieux fonds de science et d'expérience accumulé par la démocratie.

Quelques socialistes regrettent la fin du bloc des forces de gauche. M. Jaurès, notamment, y voit un sombre présage. Il prophétise « qu'un assaut furieux va être livré au prolétariat ». On peut lui répondre d'abord que la cause du prolétariat n'est pas dans ses mains. Il l'a compromise par ses variations politico-littéraires. On ne conduit pas impunément un parti avec cette fantaisie et cette faconde imaginative. On le fixe sinon dans une doctrine, au moins par une tactique. Et lui — sans qu'il y prît garde, je crois — loin de diriger son parti, s'est laissé guider par les turbulents de l'anarchie syndicaliste ou de l'hervéisme. Tôt ou tard, il sera obligé d'en abandonner la direction à des esprits moins dociles aux séductions des applaudissements et aux caprices des tourbillons.

D'autres, parmi les radicaux, en reconnaissant la dislocation définitive des combinaisons du bloc, s'affligent de voir ainsi disparaître la synthèse des partis démocratiques formée par Waldeck-Rousseau. Légitimes regrets que nous avons, bien avant eux, proférés.

Ce fut, en effet, une conception exacte des nécessités politiques qui enfanta le bloc. Le grand homme d'État qui la réalisa savait qu'entre ses mains le bloc serait un instrument de discipline et de progrès. Il ne s'est pas trompé. Tant que Waldeck-Rousseau fut là pour lui imprimer un mouvement à la fois modérateur et d'avancée, le bloc garda son caractère, sa cohésion et son autorité morale. Mais le danger d'une telle force est qu'elle dégénère vite en tyrannie dès qu'elle n'est plus retenue.

Passer de la direction de Waldeck-Rousseau sous celle de M. Jaurès, c'est pour un grand parti la pire des infortunes.

Autant le premier avait de rectitude et de gravité dans le jugement, autant la pensée du second eut de légèreté et de violence et tendit à prendre des formes géométriques imprévues. La faiblesse du parti radical fut d'accepter ce chef et de le suivre.

M. Jaurès ne vient-il pas, du reste, de faire la preuve la plus authentique de son étrange faculté de déformer les idées qu'il adopte? Peut-on rien imaginer de plus faux et de plus dangereux que la figure donnée par les socialistes toulousains et Jaurès à la représentation proportionnelle, à l'occasion des élections de Toulouse?

Nos lecteurs connaissent sans doute les incidents qui ont marqué la campagne électorale dans cette ville. Une liste homogène radicale avait été présentée sous le patronage de MM. Ournac et Raymond Leygue, sénateurs. Elle visait ouvertement à évincer de la mairie le parti socialiste qui avait détenu le pouvoir municipal depuis quelques années et n'en avait pas fait un bienfaisant usage — tant s'en fallait.

A cette liste, les unifiés en opposèrent une autre sur laquelle figuraient, en nombre imposant, des candidats libéraux, progressistes et cléricaux. C'était, de toute évidence, un pacte de Bordeaux. Et naturellement, le pacte de Bordeaux transporté à Toulouse n'y apparaît pas sous des traits plus honorables. *La Dépêche* portait sur cette liste un jugement assez sévère : « Ça commence comme une malpropreté, ça finit comme une parade », disait-elle.

M. Jaurès vint la défendre dans une conférence dont le motif essentiel était la déchéance et la faillite du parti radical.

En retour, il présenta la combinaison de ses amis comme un essai loyal de représentation proportionnelle. Et je ne mets jamais en doute sa sincérité.

Les électeurs de Toulouse se demandèrent alors comment des gens qui ne sont ni imbéciles ni malhonnêtes pouvaient bien, en Belgique où le système fonctionne, et en France où on voudrait le voir introduire, se prêter à une chimie politique d'aussi laide apparence. Voilà des hommes qui sont bien des révolutionnaires plus ou moins libertaires, d'autres conservateurs à tous crins et même certains des cléricaux avoués. Ils se réunissent, délibèrent, et s'entendent pour déléguer quelques-uns d'entre eux à l'Hôtel de Ville.

Et il y avait de quoi s'étonner. Comment pouvait-on représenter cette confusion des suffrages comme un essai de la représentation proportionnelle?

Le principe rationnel de la représentation proportionnelle est précisément de compter les partis d'après leur nombre, leur nombre sincère, spontané. Pour qu'il puisse s'appliquer, il faut justement que chaque parti reste sur son terrain, s'abstienne d'émettre un vote de tactique, vote pour les siens et non pour ou contre les autres.

Cette expression sincère étant donnée, on attribue à chacun une représentation en rapport avec sa force numérique. La majorité reste la majorité, seulement la minorité a dans les assemblées une représentation qui lui donne voix au chapitre et assure son contrôle.

Mais voici des comités qui n'ont pas de mandat et qui prétendent disposer des sièges électifs suivant des règles arbitraires. On aperçoit tout de suite les vices de ce système. Il supprime d'abord la sincérité de la consultation populaire, parce qu'il supprime les programmes. Que peut bien venir dire aux électeurs ce groupe d'hommes qui ne s'entendent sur rien et se combattent à propos de tout? Sur quelles directions vont-ils appeler le corps électoral à se prononcer? Ils se présentent, et c'est tout. C'est trop peu ou c'est trop. Trop peu, parce qu'on ne sait rien de leurs intentions. C'est trop, parce qu'en réalité ils sollicitent non un mandat, mais un blanc-seing.

Aussi, qu'arrive-t-il? Il arrive que nombre d'électeurs ne sont point du tout enchaînés par cet accord, tiennent à sauvegarder leur sincérité et regardent cette combinaison comme une duperie. Chacun prend donc sur la liste les noms qui le représentent et biffe les autres. Cependant, d'autres électeurs observent le pacte. Si bien que l'urne du scrutin contient une bouillie inexprimable d'opinions. Alors les grands mots sont dits : « Nous sommes trahis ! » s'écrient les uns ; « Nous sommes les maîtres ! » s'écrient les autres. Une minorité peut ainsi sortir, victorieuse et tyrannique, de cette prétendue représentation qui ne représente rien du tout que le désordre des esprits.

Encore dira-t-on que les révolutionnaires et les cléricaux de Toulouse avaient un programme commun : barrer l'entrée du Capitole aux radicaux. Si tel était le but de leurs volontés associées, il faudrait reconnaître qu'elles se proposaient une fin politique explicite. On resterait libre d'apprécier leur moyen. Il est parfaitement légitime à deux partis de se coaliser ouvertement contre un troisième.

Mais alors, il était inutile de couvrir cette alliance du manteau de la représentation proportionnelle. Celle-ci n'avait rien à faire dans cette manœuvre. Au contraire, c'était l'écrasement d'un nombre par un nombre plus fort.

M. Jaurès n'a pas voulu qu'on se méprît sur les intentions de son parti. La veille ou l'avant-veille du scrutin, il fit une démarche à *La Dépêche*, afin de l'engager à accepter une représentation importante sur la liste. Le parti radical y aurait reçu la plus large hospitalité.

La Dépêche refusa de se prêter à cette manigance et elle rendit ainsi un grand service à la cause de la représentation proportionnelle. En effet, du moment que le parti radical ne figurait pas sur la liste révolutionnaire et cléricale, on ne pouvait même pas invoquer le prétexte de la proportionnalité pour la justifier.

Les élections de Toulouse ont donc tout simplement servi à faire la preuve que le parti unifié n'avait pas de scrupule : on le savait déjà. Mais elles ont, en outre, averti les radicaux qu'ils n'avaient rien à perdre à se séparer des collectivistes. C'est, du reste, le sens général des deux scrutins.

A vrai dire, ce résultat ne devrait attrister personne. Le parti socialiste — j'entends le parti doctrinaire — ne saurait vivre, sans danger pour lui, dans le gouvernement. Il est par nature un christianisme social. Comme la religion de saint Paul, il a besoin du martyre. Oh ! toute proportion gardée ! Le martyre a fait des progrès comme toutes choses. Il n'est plus dans la soufirance. Les clous, la croix sont des symboles d'un autre âge. A la condition de ne provoquer lui-même ni le meurtre ni l'incendie, le socialisme peut s'accommoder fort bien du supplice moderne.

Mais comme l'autre christianisme, il doit éviter les tentations des gouvernements temporels. Il s'y dénature, il y perd son prestige. Le maniement des lois et des intérêts décèle ses faiblesses et l'oblige à des transactions humaines, trop humaines.

Au contraire, sa voix gardera toute sa force dans sa protestation contre les tyrannies, contre les iniquités, pour le droit, pour la paix, pour l'universalité des hommes.

Et si, malgré l'imprudence commise à Toulouse, il doit rester fidèle à la représentation proportionnelle, c'est qu'il lui faut retenir son droit de contrôle dans les assemblées. Les sociétés bourgeoises de l'Occident garderont encore longtemps le gouvernail de la vie politique des peuples, mais il est nécessaire à leur équilibre qu'en tout pays s'élève la voix du prolétariat industriel. Ses avertissements, ses conseils, même ses plaintes serviront la cause du droit.

IV

L'UNIFICATION OU LA MORT

Voici un phénomène de nature à provoquer l'étonnement des populations chaque fois qu'il se reproduit, et il se reproduit souvent. Il cause en ce moment de violentes discussions dans les couloirs de la Chambre et des polémiques non moins ardentes dans la presse politique. Il vaut la peine d'être observé, étudié et commenté. Parlons-en.

Il a pour théâtre les rivages enchantés de la Provence. Mais il se traduit par des ondes sismiques qui affolent les appareils enregistreurs des journaux socialistes.

Les électeurs de Toulon ont à élire un député au siège laissé vacant par M. Louis Martin, nommé sénateur. Selon leur mauvaise habitude, les radicaux se sont divisés. Ils avaient pour excuse la certitude que le siège ne pouvait leur échapper. M. Louis Martin était franchement radical-socialiste. La majorité électorale n'avait fait que grandir. Elle resterait certainement fidèle à ses idées. Au second tour, les suffrages radicaux feraient masse sur le nom de celui qui aurait eu le plus de voix au premier.

Le premier tour a eu lieu le 7 février [1]. Les candidats radicaux-socialistes ont obtenu ensemble 8.510 voix. Leur unique adversaire, socialiste unifié, en a réuni 4.039. La situation était donc des plus nettes. Le radical venant en tête devait rester seul à représenter son parti. L'élection était faite.

Vous croyez que les choses n'ont qu'à aller leur train ordinaire dans une élection où un candidat socialiste lutte contre les forces radicales ? Vous êtes un naïf. L'unifié doit passer. C'est l'idée de Jaurès. Et quand Jaurès a une idée, tout le monde sait qu'il la met en musique. Il en fait un thème musical sur lequel tous les matins, dans *L'Humanité*, et au cours de ses journées à la Chambre, il exécute les variations les plus brillantes, les plus harmoniques, les plus suaves. Le contrepoint n'a pas de secret pour lui et il a su réunir un orchestre où la variété des instruments n'a d'égale que leur puissance.

Les cuivres y dominent, mais la petite flûte n'y est pas silencieuse ; le timbalier y dispose d'une batterie à rendre jaloux Richard Strauss

1. 7 février 1909.

lui-même. Et voilà huit jours que cet ensemble n'a pas chômé. Quelle musique ! Quand l'orchestre unifié vibre sur un air septentrional, il ne passe pas inaperçu. Mais quand il résonne pour le Midi, M. Jaurès et ses instruments amplifient leur accent. C'est admirable.

Si les pauvres radicaux n'en ont perdu l'ouïe et la parole, c'est qu'ils ont le tympan et le larynx de bon métal.

Tout ce déploiement orchestral, vous l'avez deviné, afin de les convaincre que le candidat radical-socialiste n'était pas radical-socialiste et que l'unifié, sans être radical-socialiste — oh ! non surtout, pas ça, — devait cependant récolter les voix radicales-socialistes.

Ce candidat radical-socialiste qui ne mérite pas les suffrages radicaux-socialistes, bien qu'il arbore la cocarde radicale-socialiste, est un faux radical-socialiste, tandis que l'unifié, qui est en train de débiter les injures de son parti au parti radical-socialiste, est seul digne de représenter les radicaux-socialistes de Toulon.

Voilà ce que Wotan-Jaurès et son doux orchestre chantent au milieu des tonnerres et des éclairs aux foules ébahies. Car elles sont ébahies, les foules. Et il y a de quoi. Elles se demandent très sérieusement pourquoi M. Jaurès se tortille comme un dieu malade afin de sauver le parti radical du déshonneur d'être représenté à Toulon par M. Pétin.

Elles se demandent, les foules, pourquoi ce M. Pétin qui fut, paraît-il, nationaliste, ne serait pas aujourd'hui un radical-socialiste bon teint, alors qu'il y a tant d'unifiés qui ne se sont unifiés que par nécessité, utilité, intérêt ou fantaisie. Il faut avoir le bel aplomb du converti pour reprocher aux néophytes la fraîcheur de leur foi.

Et puis la sincérité radicale-socialiste de M. Pétin ne regarde que le parti radical-socialiste. Faudra-t-il que celui-ci se charge de contrôler la foi apostolique ou la tare manichéiste des unifiés ? Cette besogne n'aurait rien d'engageant. L'unification n'est un sacrement que dans les homélies de M. Jaurès. En réalité on s'unifie, on se désunifie, on se réunifie sans son office. Seulement, ces mouvements de conscience s'accomplissent avec une touchante candeur.

Ainsi, dans un arrondissement où se prépare une élection législative prochaine, il se produit le fait suivant : un congrès unifié eut lieu afin de désigner le candidat du parti. Ce congrès était présidé par le citoyen Piédeveau — pour ne pas l'appeler par son nom — lequel avait l'ambition légitime d'être candidat de son parti. Mais le congrès en désigna un autre.

Piédeveau ne fit ni une ni deux : il se désunifia et le voici candidat socialiste indépendant. *L'Humanité* n'a contre lui nulle indignation. Elle se contente de « signaler la candidature de division d'un certain Piédeveau *suscitée* contre le parti socialiste unifié ». On n'est pas plus spirituel.

Telle est donc la fixité de ce parti qui reproche à certains radicaux de venir de loin.

Mais la tactique est habile. Elle a souvent réussi. Elle se fonde sur une observation exacte de l'état d'esprit radical. Il est très favorable aux suspicions, aux dénigrements, prompt aux excommunications, et enclin au sacrifice... de ses amis. Les unifiés ont su tirer des avantages énormes de ces graves défauts. Ils en ont tiré un très grand nombre des mandats qu'ils détiennent. Leurs criailleries menaçantes et leurs injures ont trop souvent réussi à dissocier nos troupes et, hélas ! quelquefois, à intimider nos chefs.

Ce parti de canards excelle à glisser ses œufs sous l'aile de la poule radicale, et la bonne bête qui voit le jeu s'y prête avec une certaine fierté.

Elle couvera, elle couve déjà les couvées qui écloront en 1910. Elle a, autrefois, entre 1848 et 1851, couvé des petits canards au plumage rouge. Et quand elle eût rempli cet office, il se trouva un bon prince pour lui tordre le cou.

On sait aussi ce qu'il fit de ses poussins socialistes.

LE SYNDICALISME

OUVRIERS ET FONCTIONNAIRES

I

SYNDICATS D'INSTITUTEURS

Suivant l'exemple donné par le Syndicat des instituteurs du Rhône, les représentants de la Fédération
nationale des instituteurs demandent, le 23 février 1907,
à M. Clemenceau, Président du Conseil, leur admission
à la Bourse du travail.

L'incident soulevé par le Syndicat des instituteurs du Rhône, qui a pris la résolution de s'affilier à la Confédération du travail, mérite qu'on
s'y arrête. Depuis longtemps les instituteurs
avaient pris le goût de l'association. Et personne
ne devait s'en plaindre. Nous sommes sous un
régime d'opinion, très favorable à la propagande
et à l'esprit d'association, très favorable par conséquent à l'éveil de la vie corporative : il fallait
s'attendre à voir les fonctionnaires de tous
ordres s'unir dans l'intention de se connaître
et de défendre leurs intérêts communs.
Qu'ils aient ajouté ainsi à leur force déjà

grande une force nouvelle, que leur action sur
les élus s'en soit par là trouvée accrue, c'est
incontestable; qu'ils se soient de cette manière
assuré une supériorité sur la généralité de
citoyens encore malhabiles à manier le droit
nouveau, sur les agriculteurs notamment, personne ne le conteste; et qu'enfin ils aient acquis
des concours multiples dans tous les partis afin
d'obtenir des améliorations matérielles, il n'y a
pas à dire le contraire, les colonnes de l'*Officiel*
en portent le témoignage par le compte rendu
sténographique des séances du Parlement. Mais
ils ont fait usage d'un droit; en outre le gouvernement a souvent rencontré dans leurs groupements un élément pondérateur et un instrument
de discipline.

Les instituteurs avaient organisé des Amicales
dans tous les départements, et ces réunions
avaient l'avantage de se recommander d'un ton
de courtoisie et d'une forme de cordialité qui
convenaient à leur œuvre d'éducation. Je persiste à penser que c'était pour eux le préférable
mode d'entente. Il avait au moins la supériorité
sur les autres de n'inquiéter ni les populations,
ni le gouvernement, ni leurs chefs hiérarchiques.

Mais il s'est trouvé dans le personnel enseignant
quelques esprits forts unis à quelques esprits
faibles qui ont voulu corser leurs attitudes. Les
uns avaient réellement à se plaindre de quelque
injustice; les autres avaient du goût pour une

politique particulière; enfin, dans tout corps de
métier il y a une fraction de gens mal doués ou
mal préparés à leur tâche et qui sont toujours
prêts à se ranger vers les turbulents ou à se poser
en révolutionnaires.

Ce fut l'origine d'une nouvelle formation qui
arbora hardiment le drapeau syndical. Était-elle
fondée suivant le droit? C'est là un point douteux que le gouvernement et le Parlement ré-
solurent de ne pas trancher tout de suite.

Mais elle avait l'inconvénient grave d'inquiéter
l'opinion, j'entends l'opinion républicaine.

Ce n'est pas parce que cent ou deux cents instituteurs prennent le nom de Syndicat que l'opinion s'inquiète. Elle se demande seulement
quelle raison ils peuvent avoir d'abandonner une
forme et un titre pacifiques pour prendre une
forme et un titre qui conviennent surtout à des
ouvriers dont le salaire est incessamment variable et la condition incertaine, qui n'ont pas
de retraites, et qui sont enclins à recourir à la
grève comme moyen suprême de combat.

L'opinion alors se demande si ce changement
de titre et de mode d'action ne couvre pas, ou
plutôt ne découvre pas une intention de révolte
et de grève. En somme, l'idée du Syndicat d'instituteurs fut généralement mal accueillie. Cependant elle pouvait encore s'acclimater dans un
pays qui est décidément familiarisé avec l'usage
des libertés. Il suffisait, pour la faire accepter

tout à fait, de s'en servir sagement et de manière à rassurer des gens qui voient dans l'instituteur un citoyen supérieur aux autres, un homme revêtu d'une mission et chargé de donner l'exemple.

Malheureusement il y a dans la nature des choses une force qui ne se plie pas toujours aux circonstances. Une fois syndiqués, les instituteurs devaient aller jusqu'au bout. Ils ne pouvaient se comporter autrement que les autres Syndicats. Les voilà englobés dans la Confédération du travail. Le ministre leur défend de s'unir à elle. Mais le fait seul qu'ils veulent y adhérer témoigne qu'ils sont d'intelligence avec elle et qu'ils marchent avec elle.

C'est suffisant pour juger de la tendance et de la politique du Syndicat des instituteurs. La République ne peut leur permettre de se préparer à l'agitation. Elle a besoin de l'instituteur comme d'un collaborateur entièrement dévoué à sa tâche et abdiquant ses opinions personnelles afin de préparer dans l'enfant l'homme citoyen et soldat apte à accomplir tous les devoirs que la vie et les lois de son pays imposeront à son bras, à son intelligence et à son cœur. C'est tout l'avenir qu'il s'agit de préparer, et l'instituteur qui le prépare n'est pas libre. Il est par définition le plus altruiste des citoyens.

Je conviens qu'il a souffert des mœurs déplorables de notre politique. On a voulu le mêler aux campagnes électorales, aux discussions locales. Nous le plaignons et nous le défendons de toutes nos forces. C'est notre devoir.

Mais il ne faut pas que les fautes des politiciens l'égarent, le déterminent à violer les règles naturelles de sa fonction. Il ne peut se protéger sûrement que par une grande dignité de vie et un grand ascendant moral. En se mêlant aux agitations de la Confédération du travail, il renonce à l'un et à l'autre.

II

LES SYNDICATS DE FONCTIONNAIRES

Le 6 avril 1907, M. Clemenceau adresse aux représentants de la Fédération nationale des instituteurs sa réponse au mémoire par lequel ils réclamaient le bénéfice de la loi de 1884 sur les Syndicats professionnels et leur admission dans les Bourses du travail. M. Clemenceau refuse de reconnaître aux instituteurs le droit de se syndiquer.

J'ai indiqué les raisons qui interdisent au gouvernement et aux Chambres de permettre aux instituteurs de s'affilier à la Confédération du travail. Elles s'appliquent tout aussi bien aux autres Syndicats de fonctionnaires. Seulement, elles prennent une force bien plus grande quand il s'agit de ces fonctionnaires dont l'œuvre n'intéresse pas seulement le mécanisme de l'État, mais touche à la partie sensible, cœur et cerveau, de la nation.

Il importe de bien convaincre les instituteurs que ce n'est pas un statut restrictif que nous désirons leur faire. La règle doit être générale : les fonctionnaires ne doivent pas avoir le droit d'entrer dans une Fédération syndicale quelconque.

Comment dans un pays organisé pourrait-on tolérer que des fonctionnaires fissent partie d'une telle association? Quel est son but, et son but légitime? C'est d'unir des intérêts ouvriers en face des intérêts unis du patronat, d'écarter de cette définition tout terme tendancieux. Il s'agit, encore une fois, d'une agitation légale. C'est le droit des travailleurs de s'entendre afin d'obtenir les conditions les plus avantageuses, et, en dehors de toute idée de violence ou même de grève, il n'est pas contestable que l'équilibre social peut résulter du libre jeu des forces les unes sur les autres. L'expérience des Trades-Unions anglaises témoigne de la puissance à laquelle peut atteindre une organisation ouvrière par la seule discussion contradictoire des intérêts en cause.

Ce système apporte de salutaires limites à la loi d'airain, à la loi de l'offre et de la demande, qui tend à déprimer les salaires. Voilà la base du droit syndical.

Peut-on dire qu'il appartient aussi aux fonctionnaires? Ce serait puéril. Leur travail n'est en rien soumis à l'action des lois économiques. Ils n'ont à se défendre ni contre le chômage ni contre la dépression des salaires. Et puis, ils ne peuvent revendiquer en face de leur patron aucun droit de critique. L'État est le *souverain* ; en acceptant de le servir, ils ont renoncé à le critiquer. Ils sont des instruments passifs. Ils n'ont d'activité qu'en agissant en son nom. Ils assurent l'exécution des lois. L'État ne peut donc souffrir que l'exécution des lois soit mise en jeu au cours d'une agitation à laquelle, par devoir et par fonction, il doit rester étranger.

Soutenir une thèse différente, c'est mettre en échec l'État. Il est bon ici de réfléchir aux conséquences d'une telle entreprise. La notion de l'État est un des premiers témoins de la civilisation. Le jour où elle s'est substituée aux particularismes divers, où s'émiettait l'idée de l'intérêt collectif : seigneuries, provinces, églises, abbayes, corporations, etc. ; le jour où elle a dominé ces parcelles du domaine collectif, l'esprit humain a réalisé un progrès gigantesque. Aussi ne s'est elle pas formée en un jour. Que de luttes, de guerres, de vies elle a coûtées ! Serait-il possible que la société française, parvenue à un degré supérieur de cohésion et d'intelligence commune, s'employât aujourd'hui à détruire l'œuvre permanente qui s'est accomplie au cours des siècles, et qui a mis dans notre histoire une magnifique unité?

On est en droit de s'alarmer, en effet, quand on voit justement la cause des Syndicats de fonctionnaires soutenue, encouragée, exaltée par un parti qui a pris pour axe de son système la prépondérance dominatrice de l'État. Par quelle aberration, le parti socialiste aide-t-il à la pression des fonctionnaires? Son intérêt de clientèle l'y a poussé, c'est l'évidence. Mais ne sait-il pas que, dans la propagande des partis d'opposition, il y a des actes proprement gouvernementaux qui engagent leur avenir d'une manière décisive et fixent la politique qu'ils seront obligés de suivre après leur accession au pouvoir? On ne saurait en donner précisément un exemple meilleur.

Les fonctionnaires ont pris à travers les luttes des partis une place excessive dans la politique. Leurs services se récompensent par la politique. Le jour où ils acquerraient une puissance nouvelle, les intérêts réels de la nation seraient sacrifiés à ceux de leur oligarchie. L'autorité de l'État, ses organismes essentiels ne résisteraient pas à cette désagrégation.

Et je dis que si le parti socialiste venait à gouverner, — tout arrive, comme dit M. Clemenceau, — il serait débordé, et se trouverait sans action pour fortifier l'État et lui conférer des attributions nouvelles. De ce côté-ci, il n'y a plus de faute à commettre.

III

POUR M. NÈGRE, INSTITUTEUR

Le 7 avril 1907, les représentants de la Fédération des Instituteurs et des Associations d'agents et sous-agents des Postes et Douanes font afficher, au sujet de la question du droit au Syndicat, une lettre ouverte ayant un caractère d'indiscipline grave. Le gouvernement prend des mesures contre les principaux signataires de cette affiche. Le 29 avril, il fait arrêter plusieurs membres dirigeants de la C. G. T. pour incitation à troubler l'ordre public.

Je comprends très bien la réponse que le ministre de l'Instruction publique a faite aux délégués de l'Amicale des instituteurs de la Loire, qui le priaient d'être indulgent envers leur collègue M. Nègre. M. Nègre est cet instituteur qui a signé l'adresse irrévérencieuse à M. Clemenceau. C'est un de ces égarés qui, depuis quelques années, sont en train de détruire l'œuvre de l'école laïque. Le mot n'est pas exagéré. L'école laïque a pour caractère fondamental la neutralité religieuse et politique. La chaire du maître ne doit à aucune minute de sa vie lui servir de tribune. Ses idées personnelles doivent rester le secret de sa conscience. L'instituteur n'est pas un homme libre. Il a abdiqué sa liberté en acceptant la mission de former des enfants, de les préparer à juger et à tout comprendre, et surtout à remplir leur rôle et leurs devoirs dans la vie. Son œuvre est tout altruiste, au point qu'il doit s'oublier entièrement, et s'oublier, c'est pour lui oublier ses opinions. Voilà du moins l'instituteur tel que les fondateurs de la République l'ont voulu, tel qu'il est encore dans la plupart de nos communes.

Et ce n'est pas une conception arbitraire de son caractère. En aucun pays, le gouvernement ne tolérera que l'instituteur s'occupe d'autre chose que de l'instruction et du développement moral de ses élèves. Par quelle suite d'aberrations un certain nombre de braves garçons ont-ils pu passer pour aboutir à cette prétention inacceptable de faire la leçon politique au pays?

Il y a à cet état d'esprit un certain nombre de causes. La première est le vertige dont souffre une catégorie considérable de cervelles françaises, le vertige révolutionnaire. Affranchissement humain, conquête de la paix universelle, fraternité prolétarienne, etc., ce sont des mots qui tournent dans des esprits trop sensibles à la vibration des mots et qui y font une musique affolante. Grisés de ce tourbillon, les réalités leur échappent, ils perdent de vue le vrai et le vraisemblable. Et ils arrivent à perdre la notion des liens qui nous retiennent tous, quoi que nous fassions, qui que nous soyons, à nos milieux, à nos groupements, à nos intérêts. Ils oublient les leçons les plus cruelles, les réveils les plus douloureux.

Dans ces mouvements de déséquilibre, il est frappant que ce furent de tout temps les instituteurs qui s'engagèrent avec le plus d'enthousiasme. Déjà, entre 1850 et 1851, c'est sur eux qu'avait sévi avec le plus de violence l'orage socialiste. Lamartine, dans *Le Conseiller du peuple*, leur adressait ses objurgations les plus éloquentes. Il leur prédisait la chute inévitable dans le césarisme. Inutiles prédictions. Les Cassandres perdront toujours leur vertu divinatrice devant l'aveugle entêtement des rêveurs et des constructeurs de société nouvelle.

Voilà l'effet général des agitations révolutionnaires dont ont souffert les instituteurs. Mais la crise a sévi dans les rangs des divers ordres de fonctionnaires. Et rien ne peut donner plus de relief à l'extraordinaire erreur qui a fait tant de victimes que cet appel au comité du parti radical et radical-socialiste où les fonctionnaires syndicalistes invoquent le droit du prolétariat des fonctionnaires à l'émancipation...

Voyez-vous l'illusion qu'un assemblage de mots peut créer. Prolétariat, affranchissement, émancipation! Qu'est-ce que peut bien vouloir dire l'émancipation des fonctionnaires? Ils sont les serviteurs de la nation, les instruments de la loi. De qui et de quoi veulent-ils s'émanciper? De leur nécessaire dépendance à la démocratie? C'est bien, en effet, ce que des groupements aventureux et des politiciens audacieux et cyniques sont parvenus à leur laisser espérer.

En encourageant les dénonciations, en sollicitant les rapports vrais ou faux des subordonnés contre leurs supérieurs, ils ont fait une œuvre détestable. Ils ont distendu le ressort de l'autorité de l'État. Ils ont dissous l'esprit de discipline sur lequel s'appuie l'action de la loi. Mais, ce qu'il y a de pis, ce qu'il y a de plus triste, ils ont exposé les plus humbles des agents publics aux sanctions qui ne devaient manquer d'intervenir pour mettre fin à une telle anarchie. Et c'est ainsi que se terminent tous ces mouvements désordonnés.

Les hommes habiles lancent de pauvres diables en des aventures où ils s'engagent tout entiers avec leur famille. Puis, quand le désordre a énervé l'opinion, menacé le fonctionnement de l'État; quand le silence de l'autorité a permis les extravagances, tout à coup un rappel brutal à la discipline tombe sur quelques-uns. Ceux-ci paient pour tous. Ils paient pour leurs cama-

rades, mais ils paient surtout pour ces charla-
tans des tréteaux politiques qui ont toujours le
talent d'échapper aux responsabilités.

Oui, M. Briand avait raison de promettre son
indulgence aux collègues de M. Nègre. S'il
veut envisager tout son devoir, il fera bien de
tracer, en termes précis, aux instituteurs une
ligne de conduite. Son autorité les mettra ainsi
à l'abri de leurs propres écarts d'imagination.
Leur sécurité est en cause. Mais, chose plus
grave, il s'agit de l'école laïque elle-même. Nous
avons proscrit de son seuil l'influence du dogme
religieux, ce n'est pas pour l'ouvrir aux prédications du dogme révolutionnaire.

IV

L'INTÉRÊT OUVRIER

Dans les premiers jours de mai 1907, la Chambre discute plusieurs interpellations relatives à la politique du gouvernement et à l'exercice du droit syndical. Les socialistes — et notamment M. Jaurès — reprochent au Président du Conseil les mesures qu'il a prises contre la C. G. T. et les fonctionnaires syndiqués. M. Briand, puis M. Clemenceau répondent aux interpellateurs. Par 343 voix contre 210, le 14 mai, la Chambre vote un ordre du jour de confiance.

Étant de ceux qui croient en l'avenir du Syndicat, je déplore la folie des gens qui tentent d'assimiler la vie de l'ouvrier à celle du fonctionnaire. On a dit avec énergie que l'intérêt de l'État lui interdisait de permettre à ceux qui le servent de s'associer sous la forme syndicale. Rien n'est plus évident. L'autre proposition n'en est pas moins vraie, d'une vérité moins apparente, mais tout aussi solide : l'intérêt des ouvriers n'est point de se lier aux fonctionnaires.

Tout ce que j'ai dit et écrit sur les employés de l'État n'implique aucune prévention contre eux, aucun dédain : tant s'en faut. Je n'ai jamais pensé qu'on dût leur refuser le droit de s'associer. Et je proteste contre le paradoxal préjugé que des gens habiles sont arrivés à faire accepter par l'opinion, et selon lequel le Syndicat serait une forme supérieure de l'Association. Quelle idée singulière, d'une singularité touchant au comique !

Le syndicalisme, à la vérité, n'a qu'une supériorité aux yeux des fonctionnaires qui le réclament : c'est d'avoir revêtu une forme révolutionnaire. Le fonctionnarisme syndical est turbulent, il est contesté, il est d'une légalité douteuse, voilà-t-il pas des qualités qui suffisent en France à recommander une institution ? Mais il n'en a pas d'autres aux yeux des révoltés. Il ne peut en avoir d'autres, attendu que la loi de 1902 offre à tous les citoyens le moyen de s'unir et de se concerter sur des intérêts communs, attendu que les fonctionnaires ne se sont pas fait faute de s'en servir, et que leurs Associations non syndicales n'ont eu aucune difficulté à se faire accueillir par les chefs des administrations publiques. Il n'y a guère de service dans lequel des Associations de ce genre n'aient c' tenu, et sans grandes batailles, des améliorations véritables. Quelle force le Syndicat peut-il leur apporter ? J'en vois une évidente, certaine. En s'unissant aux Syndicats, en entrant dans les Bourses du travail, les fonctionnaires deviennent plus redoutables vis-à-vis de leurs chefs et de l'État. Ils menacent d'appuyer les mouvements grévistes, et ainsi de mettre aux mains des Syndicats ouvriers l'instrument de la loi. Voilà bien le sens de leur action. C'est ce chantage de violence qui est de nature à impressionner le gouvernement et le Parlement.

Ce langage est tout cru, mais il convient à cette situation. Or, je crois, en vérité, cette menace, ce chantage, très efficace dans un pays comme le nôtre, très efficace pour les fonctionnaires, qui ont déjà tant de pouvoir sur le personnel politique. Mais je ne vois pas bien son efficacité dans le sens de la classe ouvrière.

En mettant sa force au service des fonctionnaires, elle peut les aider à faire allonger de quelques degrés l'échelle de leurs appointements, — œuvre vraiment facile sous un régime qui se fait un devoir de ménager chaque année, dans le budget, une part très large aux traitements, surtout aux petits traitements, dans les augmentations de dépenses.

Mais quel bénéfice la classe ouvrière retirera-t-elle de cette opération ? L'augmentation des dépenses publiques, dont dépend l'augmentation des traitements, en chargeant l'État charge les contribuables, et les contribuables c'est tout le monde : c'est la classe ouvrière, ce sont les patrons commerçants et industriels. En quoi les syndicats ouvriers peuvent-ils profiter de leur union avec les fonctionnaires ? Pour les agités et les anarchistes de la Confédération du travail, le bénéfice est clair : c'est le désordre dans l'État, la dislocation de la puissance publique. Que des agents de police se syndiquent (pourquoi pas, si c'est le droit commun des fonctionnaires ?), cela facilitera le sac des boutiques, et permettra de tenir Paris et les villes sous le régime de la terreur. Mais en cela je ne vois qu'une action politique ; je ne vois pas l'œuvre syndicale, œuvre de discussion et de raison, non de violence et de barbarie.

Cette œuvre-là se trouve exprimée dans un livre d'une très haute probité et d'une belle tenue littéraire : *Patrons et Ouvriers*, par M. Roguenant. L'auteur connaît son sujet et le milieu dont il parle. Il connaît la détresse de l'ouvrier non par ouï-dire. Il a subi l'angoisse du chômage, l'aventure du *trimard*. Il a éprouvé cette sensation de solitude, de nudité, éprouvée par l'homme bon travailleur, bien portant et jeune, qui brusquement se trouve sans ressources, ayant épuisé le petit pécule épargné pendant les jours de travail, et qui erre par les routes le ventre creux, en frappant aux portes des usines. Celui-ci sait la valeur du groupement, la nécessité de la protection collective. Et parce qu'il la connaît bien, il pense qu'elle ne doit pas être dépensée,

dilapidée en propagande révolutionnaire et en
menées anarchistes. Il voit dans le Syndicat
l'école des responsabilités, l'instrument d'émancipation, la force prudente et calme créée pour
faire équilibre à la puissance du capital et aux
lois aveugles de la concurrence.

Sans doute ce syndicataire, qui se rattache à
la tradition de l'école sociétaire de Fourier, garde
empreinte au fond de son âme l'idée de l'égalité
sociale. Elle s'y est gravée sous l'acide de la
souffrance et de la misère. Mais il sait aussi la
longueur du chemin à parcourir. Il a étudié
l'humanité; il a réfléchi à la complexité des
systèmes sociaux, et il sait que la mine qui fait
explosion sous l'édifice au moment où il abrite
un monde en plein travail fait retomber sur tous
la mort ou la ruine.

La crise actuelle, la crise des Syndicats de
fonctionnaires, loin d'émouvoir la démocratie
ouvrière, devrait la trouver parfaitement indifférente, plutôt hostile. L'organisation syndicale
n'est pas de celles qu'on peut impunément avilir
ou ridiculiser.

V

LE SYNDICALISME BONAPARTISTE

Le 7 juin 1907, la Cour d'assises de la Seine condamne MM. Bousquet et Lévy, signataires d'une affiche de la C. G. T., à deux ans de prison pour provocation au vol, meurtre et pillage non suivie d'effet.

L'organisation de la Confédération générale du travail est la déformation du syndicalisme, et sa déformation politique. Elle n'est pas très différente des organisations que les partis contre-révolutionnaires ont de tout temps créées pour ruiner les libertés. Au fond, c'est la même méthode : elle consiste non pas à jouir des droits légaux, mais à les dépasser selon une logique absolue et absurde. Elle consiste à provoquer des répressions, afin de multiplier les misères, les révoltes et les haines.

On ne peut imaginer en réalité une violation plus flagrante du droit, une caricature plus exaspérée de la liberté.

Mais ce n'est pas là le pire danger auquel elle expose la classe ouvrière. Elle fait pis que de détourner l'effort syndical de son sens économique et de le compromettre dans la lutte politique. Elle le plie surtout à la conformation centraliste et oppressive que revêt tout notre vieux système national. Elle institue le syndicalisme bonapartiste.

Jusqu'ici les ouvriers avaient jalousement conservé leur particularisme régional et corporatif. Leurs congrès, il est vrai, avaient bien pour objet de soumettre leur activité syndicale à une certaine unité. Mais c'était là une règle nécessaire. L'éparpillement des forces est la négation même de tout progrès. L'union concertée, la discussion en commun des intérêts en cause, enfin l'accord sur les méthodes de gestion ne mettaient pas en péril la valeur de chaque groupe, ne tendaient pas à annihiler l'effort persévérant ni la tactique de chaque Syndicat. En réalité, la personnalité de toute collectivité a besoin d'une grande somme de liberté, mais aussi de l'appui des personnalités de même ordre.

C'est ce juste équilibre que les Syndicats avaient rencontré dans un régime où l'autonomie et les Fédérations régionales se faisaient contrepoids. Il avait l'immense avantage de soustraire la vie ouvrière au centralisme qui étouffe toute l'activité française.

Les classes sociales nouvelles pouvaient ainsi accomplir leur évolution sur une aire plus ample et hors de l'odieuse tyrannie de l'uniformité qui a enlevé à la bourgeoisie le meilleur de son énergie et de sa vertu créatrice.

La Confédération du travail détruit ces autonomies originales et saines. Elle veut leur substituer le régime d'unité absolue et violente qui est la loi de tout l'État bourgeois. Elle est le cerveau moteur qui imprime automatiquement l'activité à tout le corps national, ou bien l'arrête et le paralyse.

Que Paris fasse un signe, tout travail est suspendu. Que Paris fasse un autre signe, tout travail est repris.

Il n'y a pas de nationalisme plus intégral que ce nationalisme ouvrier. Il n'y a pas de tyrannie plus muette, plus inerte, plus inféconde. Elle arrive à supprimer nécessairement les délibérations particulières. Elle broie aussi sûrement que l'autocratie les minorités. Elle s'inspire évidemment du pur jacobinisme de 1793.

C'est bien l'exemple revendiqué par les chefs de la C. G. T. Ils imitent les bourgeois révolutionnaires, et s'en flattent. Seulement, s'ils aperçoivent les avantages d'appliquer ces méthodes historiques à leurs tentatives révolutionnaires, ils n'aperçoivent pas la rançon dont la France a payé sa violente unification politique. Sous le désordre de surface qui nous agite, ils ne voient

pas le tourment que la constitution napoléonienne continue à nous faire subir. L'automatisme
administratif et routinier arrête toute émancipation individuelle. La hiérarchie a envahi tout
l'organisme même, et s'oppose à la vie scientifique, aux recherches, aux travaux personnels.

Toute notre éducation repose sur un manda-
rinat de diplômés et de titrés. La moindre cause
se traite au centre de la vie politique. Et c'est
cette congestion forcée, organique, paralysante
que la C. G. T. veut étendre à la vie ouvrière !

Elle va ainsi à l'encontre de l'évolution moderne. Elle s'engage dans une voie où notre
pays est seul aujourd'hui. Et elle y engage avec
elle les classes dont la venue au pouvoir économique et politique pouvait justement libérer la
pensée française d'un déprimant paradoxe. Les
grandes luttes économiques modernes ne s'ac-
commodent pas des vieux modes politiques.

La volonté de quelques anarchistes, siégeant à
Paris en comité secret, sera un mauvais guide
à la masse ouvrière qui a besoin avant tout de
voir clair devant elle, et dont les yeux sont
avides de lumière. Le syndicalisme ténébreux
sera forcément un syndicalisme sanglant. Les
grandes confédérations, comme celle des mineurs, commettront une lourde faute en signant
entre ses mains leur abdication. Ils tournent le
dos au progrès général du monde, dont cependant ils voudraient être les plus actifs serviteurs.

VI

UN DISCOURS DE M. BRIAND

Le 27e congrès national de la Ligue française de l'Enseignement s'ouvre à Besançon, le 1er août 1907. Le 4, M. Briand, ministre de l'Instruction publique, préside la séance de clôture et rend un solennel hommage à l'œuvre de la Ligue, prolongement dans le pays du ministère de l'Instruction publique. Il exprime sa confiance dans l'immense majorité des instituteurs restés fidèles à la République et à la patrie.

C'est un discours éloquent, c'est beaucoup mieux, c'est un discours fort utile. Il est, de plus, bien à sa place, puisqu'il a été prononcé devant le congrès de la Ligue de l'Enseignement, en face de ce groupe vigilant et éclairé où se fondent toutes les bonnes volontés qui se consacrent à la défense et au perfectionnement de l'école primaire. Là, les instituteurs, les élus républicains, les simples citoyens unis à la même œuvre, collaborent de près et se renseignent les uns les autres, apportent leur contribution personnelle d'efforts et en même temps ils représentent des états d'esprit fort divers. Mais tous *veulent* rechercher et trouvent en commun les méthodes les meilleures pour continuer et parachever l'entreprise des Jean Macé, des Jules Ferry, des Paul Bert, des Waldeck-Rousseau, pour ne parler que des disparus.

Dans une telle collaboration, la première condition du travail profitable est l'abnégation offerte par chacun à la cause chère à tous.

La Ligue de l'enseignement est donc en soi un exemple bon à signaler au personnel enseignant, d'autant plus qu'elle n'a jamais séparé la cause des instituteurs de celle de l'école, et qu'elle a réclamé l'amélioration de leur condition matérielle en même temps qu'elle rehaussait sans cesse leur situation morale.

La pensée de choisir un tel auditoire était donc fort heureuse. Et M. Briand a pu ainsi fortifier ses exhortations aux instituteurs à la fois de sa propre autorité et de l'autorité de la Ligue.

Qu'a-t-il dit ? Il a dit ce que tous les républicains pensent, à l'exclusion de quelques esprits compliqués et qui ne savent pas prendre nettement parti sur des questions primordiales, de peur d'être appelés réactionnaires.

Parce que les conservateurs ont cette adresse élémentaire de faire chorus avec nous dès que nous blâmons les anarchistes et les déséquilibrés, quelques-uns se trouvent humiliés d'une approbation où ils ont la faiblesse de voir une sorte de complicité. Les conservateurs ont adopté cette tactique depuis que l'autre a trahi leurs espérances, et l'autre tactique consistait simplement à pousser à tous les excès, à exciter à toutes les violences afin de jeter le pays à l'abîme et de procurer au sauveur l'occasion d'intervenir.

Et cette peur d'être confondus avec les réactionnaires est bien l'un des sentiments les plus malfaisants qui soient. On dirait vraiment que nous sommes encore au début de la République. C'est bien la peine d'avoir pendant trente-sept ans évité toutes les embûches, maintenu le pays dans une haute situation morale vis-à-vis de l'étranger, malgré toutes les coalitions des passions et des intérêts hostiles ; c'est bien la peine d'avoir affranchi la conscience française de la plus lourde oppression qu'une conscience puisse subir, si la crainte d'un mot vous courbe dans une stupide servitude. Réactionnaire, on ne l'est pas et bien au contraire si l'on repousse toute solidarité avec l'hervéisme et la Confédération générale du travail. On est seulement prévoyant, et l'on se souvient des rudes leçons de l'histoire.

On n'est pas réactionnaire parce qu'on reste sain d'esprit.

Voilà sur quelle idée, sur quelle trame, M. Briand a bâti son discours.

Il a d'un mot exact qualifié l'état d'esprit des instituteurs syndicalistes. « Ils n'ont pas en vue le triomphe de leur cause, l'amélioration de leur sort ; ils ont en vue l'exaltation de leur propre personne. »

Ils sont l'infime minorité, rien n'est plus vrai Mais, si peu nombreux qu'ils soient, ils font un grand mal. Ils jettent le trouble dans la vie intime du pays. Ils justifient les attaques sans cesse dirigées contre l'école laïque par ses irréconciliables adversaires et ils entraînent des esprits faibles appartenant à différents milieux. Mais le pis est que, dans les Bourses du travail, ils apportent aux excitations des violents sincères et des intrigants adroits l'appoint de leur autorité intellectuelle.

Ils sont peu nombreux, et le ministre se plaint de ce que les autres, l'immense majorité, ne les désavouent pas.

Je reconnais que les manifestations faites par quelques amicales contre le syndicalisme apportent aux cœurs angoissés par le tourbillon de démence développé par les autres, un certain soulagement. Mais, réfléchissons. Dans un pays dont l'organisation gouvernementale ne serait pas ébranlée, appartiendrait-il à des fonctionnaires de désavouer des indisciplinés? Leur silence ne devrait-il pas suffire? N'aurait-il pas cette signification qu'ils restent fidèles à leurs devoirs et qu'ils comptent sur leurs chefs pour retenir à leur corporation l'estime et la confiance publiques?

Oui, certes, voilà ce que veut dire l'attitude retenue du plus grand nombre des instituteurs. Aujourd'hui, c'est leur chef lui-même qui leur demande de parler, et qui interprète leur silence comme une solidarité avec les syndicalistes!

Qu'ils parlent donc, et qu'ils rendent à la République et à l'école laïque le service de restaurer en elles le principe de la discipline et le gouvernement de la raison.

VII

POUR LE SYNDICALISME

Une première échauffourée se produit à Draveil-Vigneux, le 2 juin 1908 : un gréviste est tué, dix ouvriers et quatre gendarmes sont blessés. Mais des événements beaucoup plus tragiques s'y déroulent le 27 juillet : de nombreux grévistes du bâtiment entrent en conflit avec la troupe qui fait usage de ses armes; il y a trois morts et une vingtaine de blessés du côté des grévistes. L'agitation de la C. G. T. augmentant de violence, le gouvernement fait arrêter huit des principaux meneurs.

Le syndicalisme sera encore longtemps à l'ordre du jour. Il faut être, comme M. Paul Leroy-Beaulieu, l'objet d'un illusionnisme érudit et bourgeois, pour voir dans le syndicalisme un produit de la volonté et de l'imprévoyance des gouvernements. Si Waldeck-Rousseau n'avait pas donné aux travailleurs le droit de se syndiquer, ils l'auraient conquis à force de luttes violentes.

Et il ne faut pas oublier que le parti républicain a toujours souffert des crises causées par l'enfantement des libertés. Le syndicalisme, ou plutôt le droit d'Association syndicale, est un droit essentiel qu'il n'était au pouvoir de nul gouvernement de refuser aux travailleurs.

Ce n'est pas, du reste, l'exercice régulier de ce droit qui est responsable des violences organisées par la Confédération générale du travail.

Est-ce donc la disposition de la loi de 1884 qui autorise les ouvriers syndiqués à former des Fédérations de Syndicats? Pas davantage. Il est vrai que ce droit de se fédérer est le bouclier légal derrière lequel s'abrite la C. G. T. pour mobiliser ses troupes et distribuer des revolvers.

Mais il y a bien d'autres dispositions du droit qui peuvent servir de bouclier à des actes illégaux. L'inviolabilité du domicile est bien un des principes les plus élémentaires du droit. Il est généralement respecté en France. N'empêche que, sous mon toit inviolable, je peux fabriquer des bombes et préparer des attentats.

J'ai le droit d'avoir chez moi de la poudre, un fusil. Si je m'en sers pour *descendre* les passants, est-ce une raison de condamner le principe qui protège le domicile privé et d'autoriser la police à s'installer, à titre préventif, chez les citoyens paisibles?

En un mot, il n'y a pas de droit dont l'usage ne puisse donner lieu aux plus stupides abus. Le tout est d'avoir un gouvernement qui s'applique à faire respecter les lois. Devrions-nous même parler d'intervention du gouvernement quand il s'agit de l'application la plus élémentaire des sanctions légales? Sommes-nous donc toujours sous le régime du bon plaisir que les organes de la justice attendent l'impulsion du gouvernement et que les magistrats aient les regards fixés sur les hommes au lieu de ne consulter que les lois?

Malheureusement, l'anarchie actuelle trouve son explication dans ce fait général, véritable phénomène social aussi inéluctable que les phénomènes de l'ordre physique : à savoir que tout dans ce pays tend à prendre un caractère politique.

Je disais que le syndicalisme était dans la fatalité de l'évolution économique. Oui : sa fonction était marquée dans le devenir social. Mais il était facile de prévoir que l'action syndicale prendrait en France un caractère politique.

Mon collègue M. Maurice Ajam, dans une parenthèse dubitative et fort aimable, se demande si je n'ai pas, moi aussi, prophétisé le plus grand avenir aux Syndicats. Je vais lui permettre de préciser ses souvenirs. Ai-je prophétisé? Oui, j'ai prophétisé. Alors que je débutais dans la vie publique, je me suis trouvé en face d'une masse faubourienne que des prêcheurs révolutionnaires s'efforçaient de dégoûter de l'action syndicale. De 1890 à 1896 ou 1897, ce fut le thème courant des campagnes socialistes. Alors je m'efforçais de combattre ces étranges systèmes qui refusaient toute part de progrès à l'usage des libertés légales, et je montrais aux travailleurs réfléchis du faubourg Saint-Antoine l'admirable instrument que leur remettait la loi de 1884. J'esquissais devant eux le tableau d'une vie corporative reconstituée et modelée sur les formes de la société moderne. Elle devait être essentiellement éducatrice. Elle devait être mutualiste et coopérative; elle se donnait des devoirs correspondant aux diverses phases de la vie ouvrière.

Je prophétisais sans doute. Il y a toujours dans une prophétie une suggestion. Quiconque sort de l'observation philosophique pour entrer dans l'action doit prophétiser. Nier le mal qu'on redoute et affirmer le bien qu'on souhaite n'est pas l'un des stratagèmes les moins recommandables à ceux qui parlent aux foules. Et est-ce donc autre chose que faisait Waldeck-Rousseau quand, soit à la tribune, soit dans des circulaires ministérielles, il raillait l'hypothèse de la réunion en une armée syndicale compacte de toutes les forces antisociales ?

Il fallait l'écarter, alors, cette hypothèse, parce qu'elle servait de tremplin aux adversaires de la réforme, et que la réforme était nécessaire. On peut affirmer, du reste, que nous n'aurions jamais fait accomplir aucun progrès à nos lois si nous avions consenti à prévoir toutes les déformations que l'esprit de notre race fait subir aux institutions nouvelles.

Les déformations d'ordre politique sont toujours dans les plus fortes probabilités. Les révolutionnaires politiciens, après avoir tourné en ridicule le syndicalisme, l'exploitent maintenant à leur profit.

Je prophétisais encore quand je leur disais que le temps viendrait où ils reconnaîtraient la puissance de l'action syndicale et tenteraient de la faire servir à leurs desseins révolutionnaires. Je n'avais aucun mérite à dresser mon trépied : il me suffisait de vouloir une sage réforme et d'observer le parti que les énergumènes de l'anarchie et de la révolution ont su toujours tirer de nos libertés et de notre tolérance. Mais je me flatte volontiers d'avoir aussi prophétisé juste dans les deux sens.

Le tableau que je dressais de la vie nouvelle des corporations est-il donc si étranger à nos réalités ? Les sinistres tragédiens de Draveil tiennent en ce moment toute la scène, et l'opinion se laisse conduire par leur jeu. Mais il y a un autre syndicalisme que celui-ci et que celui des fonctionnaires. Une œuvre corporative colossale s'édifie, qui puise ses ressources et sa force uniquement dans la bonne sève française. A Paris même, la C. G. T. ne représente pas la masse du travail. Ne calomniez pas Paris en le jugeant par les antipatriotes et les émeutiers. La masse est victime des grèves qui la privent des lignes du Métropolitain, qui suspendent le travail des artisans dans les bâtisses neuves, qui suppriment les achats des étrangers fuyant aux récits des batailles. Les émeutiers savent qu'ils sont la minorité, et ils s'en flattent.

Le vrai syndicalisme est aussi dans nos campagnes si courageuses, et qui, dans le silence, organisent une vie corporative abondante, efficace, multiple comme les risques de la terre, patiente et raisonnable comme le labour des champs. Et combien d'autres industries restent étrangères, dans la majorité de leurs membres, aux séductions du drapeau de guerre civile ! J'en pourrais présenter une·liste très longue. Avons-nous le droit de dépouiller cette masse de sa charte? Parce qu'une bande d'inconscients ou de criminels se dresse contre toutes les lois, avons-nous le droit de détruire une loi?

VIII

L'HOMME BARBARE

Le 8 mars 1907, les ouvriers électriciens des secteurs parisiens se mettent en grève et Paris reste sans lumière électrique pendant 18 heures. Cette grève a pour but d'obtenir du consortium, qui recevra la concession de l'éclairage électrique, des versements plus considérables à la caisse des retraites. Le 6 août 1908, nouvelle grève de deux heures pour protester contre la non-satisfaction accordée à leurs revendications.

L'ascension de l'homme vers la civilisation est d'une lenteur surprenante. On vit dans la jouissance habituelle d'une certaine paix, d'une certaine sécurité, d'un certain nombre d'institutions commodes. On se croit alors très loin de la barbarie: mais voilà qu'un désordre général ou particulier survient. Les fils télégraphiques sont coupés, la lumière électrique s'éteint, les ouvriers cessent leur service. Et l'on vit tout de même. L'homme primitif se réveille ingénieux, artisan de mille riens, qui suppléent aux grandes inventions de la plus haute science. Un peu plus de souffrances multiples, un peu plus de peines innombrables s'appesantissent sur l'humanité. Mais sa patience suffit à tout. Elle attend l'éclaircie du ciel, la nouvelle floraison de la vie. Puis, sous l'influence du premier rayon, elle sourit, oublie, se redresse, reprend le fil interrompu des jours faciles; enfin, un grand espoir l'anime. Elle aura vite fait de rejoindre le cours de son progrès là où une force brutale l'avait un instant arrêtée.

Mais elle le rejoindra à cet endroit même. Peut-être en deçà, rarement au .delà. C'est qu'elle agit suivant une logique un peu lourde. Elle ne peut franchir par bonds les étapes. Quand un cataclysme l'a profondément troublée, elle est obligée de rebâtir son gîte selon les méthodes qui s'imposaient à elle au moment où le cataclysme s'est produit.

Nous accomplissons chaque jour un peu des actions que la Révolution croyait avoir définitivement accomplies. En fait, elle n'a pu que tracer un programme. Nous en avons encore pour bien des années avant que nous ne l'ayons . réalisé.

Encore le progrès dans les institutions devance-t-il singulièrement le progrès dans les esprits. La notion du droit est étrangère à des hommes qui se flattent d'être à l'avant-garde politique. Et qu'est-ce que la politique, c'est-à-dire l'art de gouverner, sans le respect du droit ?

Voyez la stupéfaction de M. Pataud quand il se trouve condamné par le juge de paix du dixième arrondissement !

Il a entendu le jugement qui lui apprend que sa grève sans justification, sans revendication professionnelle constitue un abus du droit de grève. Il n'en revient pas. Que lui et ses camarades aient pu abuser du droit, cela n'entre pas dans sa cervelle. L'abus du droit ? Qu'est-ce que cela ? Le droit de grève n'est-il pas le droit de tout faire, même le pire?

L'action syndicale va-t-elle se trouver soumise à un autre élément que la fantaisie et la souveraine volonté des dirigeants? Chose inconcevable, chose inouïe, le droit viendra-t-il à bout de la force?

M. Pataud n'en revient pas. L'homme barbare en lui n'est pas recouvert d'enveloppe civilisée. C'est lui qui a parlé aux journalistes qui l'ont interrogé. « Il va falloir faire quelque chose. » Voilà une nouvelle occasion de souffler la chandelle aux bourgeois.

Toutes les fois désormais que nos maîtres de la Confédération générale seront gênés aux entournures : « A nous, Pataud! » Paris n'y voit plus. Pardon, Paris y voit encore. Faute d'électricité, il y a le gaz! « Qu'on éteigne le gaz! »

Pardon, nous avons des bougies. Et ainsi nous aurons toujours le moyen de nous éclairer. « Qu'on ferme les boulangeries! » Pardon, nous mangerons des pommes de terre. « Qu'on brûle Paris! » Pardon, nous irons quelque temps à la campagne; puis nous reviendrons et nous relèverons Paris.

Ce serait une erreur de croire que l'homme barbare tient les civilisés à merci. Finalement, ce sera toujours lui qui devra retourner aux cavernes et à l'âge de la pierre taillée. Les civilisés auront toujours raison de lui par le droit et la durée.

Et pour conclure, je ne saurais mieux faire que de citer un article de M. Jaurès où l'âme candide et charmante du grand orateur révolutionnaire se montre toute à nu : « La facilité avec laquelle les individus et les groupes apprennent, sous le coup de la nécessité, à se passer de choses réputées indispensables est vraiment incroyable. La grève générale la plus intense ne réduira pas l'ensemble de la société au régime qui est fait aux villes assiégées; et les villes assiégées prolongent leur résistance pendant des mois. »

Et après le siège, elles existent encore.

IX

UN DISCOURS DE M. MILLERAND

Le 6 novembre 1908, M. Millerand prononce un discours au punch qui lui est offert par le Cercle Voltaire de
Bordeaux, dont les membres appartiennent à toutes les
nuances du parti républicain. Il passe en revue l'histoire
politique et sociale des trente dernières années et discute sur les problèmes de l'heure présente et particulièrement sur le syndicalisme.

Vous connaissez Bordeaux, c'est, à mon goût,
l'une de nos villes qui ont su conserver le ton
de la vieille société française et se diriger cependant selon le courant des idées modernes.
Là, règne un équilibre d'esprit, une sécurité
faite de volonté et d'aimable sérénité.

La vie publique y est tout aussi active qu'ailleurs. Bordeaux a, des premières, pris la cocarde républicaine.

Aucun parti n'y est à l'écart des luttes électorales. Mais tous y acceptent une règle de tolérance et de respect mutuel.

Les républicains bordelais se rencontrent au Cercle Voltaire.

Et n'est-ce point une preuve de vertu souriante qu'ils soient restés unis sous le vocable de ce saint démodé, dont les statues sont maculées d'une laide patine d'orléanisme ?

Combien ils doivent en être loués! Le génie français n'a, jusqu'ici, rencontré nulle enveloppe humaine qui revête mieux la synthèse de ses qualités éminentes et de ses vices légers.

Le Voltaire bordelais est donc un grand patron.

M. Millerand a accepté, l'autre soir, de sacrifier à son culte par un discours très substantiel, très lumineux, et conçu dans cette manière sobre et directe qui lui est tout à fait personnelle. M. Millerand aborde toujours les problèmes sans réticence et sans ruse. Aux premiers mots qu'il dit, l'auditoire a l'impression d'une hardiesse presque téméraire. Mais tout de suite c'est une dialectique qui le rassure. Elle lui livre son secret. Elle le force sans violence, comme avec une contrainte de politesse, à passer devant et à la précéder.

Ainsi fait un guide habile et savant pour nous initier à une architecture compliquée. Il nous y introduit sans emphase, puis s'efface derrière nous, tandis que sa parole conduit l'esprit et dévide sans heurt l'écheveau logique des voûtes, des architraves et des piliers.

Peu à peu tout se coordonne et s'éclaire si bien que nous croyons entendre en nous-même l'expression de notre propre découverte.

Le discours de Bordeaux envisage l'ensemble des problèmes que des circonstances diverses ont placés au premier rang de nos préoccupations actuelles. Mais l'orateur les a groupés autour de deux idées dominantes. La première est l'idée syndicale, la seconde est l'idée de la réforme électorale. Autour de l'idée syndicale se rassemblent les questions sociales. La réforme électorale tient sous l'aile les solutions des difficultés politiques.

M. Millerand a, d'une façon décisive, écarté toute tentative de réaction antisyndicale. Je ne puis mieux faire que de le citer :

« Ce n'est ni par des mesures de police ni même par d'étincelants discours qu'on peut se flatter d'en détourner le péril.

« Un peu de réflexion et de sang-froid nous convaincront que ce n'est pas dans un retour sur ce que la République a fait depuis vingt-cinq ans au point de vue social, mais au contraire dans la poursuite et l'achèvement de l'œuvre entreprise qu'est la vérité et que sera le salut.

« Comment d'ailleurs, le voulût-on, rétrograder? La parole du théoricien politique est toujours d'une criante vérité : « Donnez le suffrage « universel à qui n'a pas le bien-être, il est iné- « vitable qu'il voudra se servir de l'un pour ac-

« quérir l'autre. » Où est le parti disposé à prendre pour plate-forme la suppression du suffrage universel?

« Tenons donc pour normal autant que légitime que les ouvriers dotés de l'égalité politique aient entendu en user pour leur émancipation économique. Se mettre en travers de ce mouvement, tenter de remonter le courant serait si certainement inutile qu'on me dispensera de m'arrêter à une suggestion contraire, d'ailleurs, à toutes les tendances de notre parti.

« En face de la démocratie, il n'est qu'une attitude sage : la confiance; une confiance cordiale dont les effets se traduisent non par de mensongères et dangereuses flatteries, mais par des actes utiles. »

Si la loi de 1884 produit des effets imprévus, ce n'est pas que son principe soit critiquable, c'est que ses dispositions sont insuffisantes.

Personne ne pense à supprimer le droit de grève. Pourquoi voudrait-on supprimer la vie syndicale? Les remèdes aux maux dont nous souffrons tous, ouvriers, patrons, tous les membres de la collectivité nationale, il importe d'en chercher le remède dans l'éducation et l'organisation.

Ici, M. Millerand a rappelé les projets tendant à l'élargissement de la vie syndicale et à l'organisation pacifique des conflits ouvriers. J'en ai parlé récemment et ne me propose pas d'y revenir.

Ils demeurent au-dessus des discussions récentes de la Chambre, si inutiles et si creuses, comme les seuls qui opposent l'ordre au désordre, la discussion rationnelle à la turbulence.

Abordant ensuite la question de la réforme électorale, M. Millerand a donné son adhésion entière à la forme du scrutin de liste et à la représentation proportionnelle.

Il a démontré la simplicité et la facilité de cette double institution :

« Le scrutin de liste a fonctionné trop souvent déjà en notre pays pour que j'aie à m'expliquer sur son mécanisme. Parmi les reproches qu'on peut lui adresser ne figure pas celui de la complication. « Chaque électeur dispose d'autant de « suffrages qu'il y a de députés à élire dans la cir- « conscription »: c'est le texte même de la proposition soumise à la Chambre.

« L'adjonction au scrutin de liste de la représentation proportionnelle en rendrait-elle le fonctionnement moins aisé? Pas pour l'électeur, à coup sûr, puisque son rôle est terminé à l'instant où il a marqué sur son bulletin les noms de son choix. Pas davantage pour la commission de recensement dont la tâche, accessible à un élève de l'école primaire, se bornerait à faire des additions et des divisions. »

Ainsi, ce n'est pas devant une innovation si simple que nous devons reculer. « L'enjeu du débat n'est rien moins que la grandeur de notre pays dans le monde. » Nous n'avons aucune raison d'être pessimistes, mais il est temps, il n'est que temps de replacer chacun des pouvoirs de l'État dans son rôle et de sortir de la confusion où la conservation des lois des vieux régimes nous a conduits.

Tel est ce discours qui mérite de retenir l'attention de tout le parti républicain.

Une inquiétude l'obsède. Il sent l'inanité des vastes programmes; il assiste à la dégénérescence rapide de la République bonapartiste. Il voit avancer l'échéance des élections.

Que fera-t-il? Dans la consultation qui va bientôt s'ouvrir, la voix de M. Millerand aura une portée considérable.

X

LE FONCTIONNARISME ET LE SYNDICALISME

•

Le 12 mars 1909, les employés des Postes se livrent au Central à une véritable mutinerie. Le 15, une nouvelle émeute se produit. Le mouvement aboutit à une grève à peu près générale de tous les services. Les griefs des postiers portent sur le retard apporté par de nouvelles circulaires à l'avancement normal et sur certains actes de favoritisme. Ils manifestent une animosité personnelle contre M. Simyan, sous-secrétaire d'État aux Postes et Télégraphes. Le 19 mars, le gouvernement est interpellé et obtient un ordre du jour contre la grève de fonctionnaires. Le 22 mars, nouvelle interpellation, l'ordre du jour de confiance est adopté par 344 voix contre 138.

Il était naturel, il était fatal que le pays, où le fonctionnarisme a pris une place démesurée dans la politique, dans la clientèle des élus, dans les ambitions des familles, dans le maniement des masses, dans l'existence même des gouvernements provoquât une crise aiguë, une crise qui menace d'être une crise de régime. Il y a en

France près de 800.000 fonctionnaires. Il y a pour une place de fonctionnaire en moyenne dix candidats. Ceci fait au total 8.800.000 individus qui ont l'esprit fonctionnaire. Qu'est-ce que l'esprit fonctionnaire? Ne le savez-vous pas? Prétendre participer à la puissance publique, en détenir une parcelle, si infime soit-elle, être une fraction du tyran, une émanation de sa pensée obscure, un atome de l'État-Radium, acquérir ainsi, avec ce caractère sacré et presque inviolable, la régularité automatique de la vie et la sécurité d'une vieillesse prématurée; puis afin de se prémunir contre les risques de carrière et même de multiplier ses chances d'avancement, se ranger sous l'autorité d'un homme politique, devenir client et payer les bontés du patron par ces innombrables offices qu'exige la conduite d'une démocratie surveillée et caporalisée — voilà comment se définit l'état d'esprit fonctionnaire. Comme il puise sa force dans la nature même de la race, comme il n'est que la reproduction concrète de sa conscience, comme il est la nation à la 1 000e puissance, comme le fonctionnaire français est du jus supérieur de Français, une solution concentrée de Français, un cristal pur de Français, une minéralisation type de Français, il est naturel que toute famille française élabore au moins un fonctionnaire. C'est l'échantillon que tout laboratoire familial doit posséder. Une famille française qui n'a pas un fonctionnaire dans ses armoiries est suspecte ; mieux vaudrait pour elle avoir une condamnation sur son casier judiciaire. Un père qui n'a pas authentiqué sa vertu de prévoyance et d'épargne en préparant un fils ou une fille, à force d'examens et de concours dispendieux, à une fonction administrative, est un mauvais père, et nul doute que les experts en hérédité de sang bleu ne découvrent dans ses ancêtres un galérien espagnol ou un juif de Nijni.

Tout notre passé, toute l'efficacité des révolutions, tout notre pur idéalisme, tous les grands actes de la vaillance française ont travaillé à amener le règne du fonctionnaire, que dis-je ? ils ont eux-mêmes obéi à l'unique ambition française. Les croisades ont visé à la fondation de nouvelles royautés avec des cours, des charges de chambellan, des bénéfices de clercs ou de laïcs, des greffes, des offices. La Révolution fut la plus magnifique explosion du fonctionnarisme bourgeois contre le fonctionnarisme nobiliaire.

Enfin, la troisième République a porté à son paroxysme le goût du peuple pour les fonctions administratives ou publiques. Le plus long effort qu'il nous fallut accomplir n'eut d'autre objet que de soumettre les fonctionnaires au régime républicain. La chasse aux employés réactionnaires trouva des meutes tout organisées, avec pour piqueurs ceux qui les voulaient remplacer.

Et nul parti ne s'est affranchi de cet unique souci. Les Jésuites s'appliquent à entretenir des intelligences et des affidés dans les hautes sphères afin de caser les fils de la bourgeoisie devenue foncièrement cléricale. Les frères de la doctrine chrétienne préparent dans leurs innombrables écoles presque exclusivement aux petits emplois de bureau. Les républicains entrainés à cette inepte concurrence, et les socialistes révolutionnaires, les apôtres du grand Marx, les théoriciens du transformisme social, emploient toutes leurs séductions à attirer et à retenir les fonctionnaires dans les rangs du grand, de l'unique parti, celui qui prépare l'humanité intégrale.

Il est donc permis d'affirmer qu'en France il n'y a qu'un gouvernement, celui des fonctionnaires. Dans la bataille politique, voulez-vous prédire la victoire ? Penchez-vous sur l'amphithéâtre où sont assis en rangs serrés les fonctionnaires. L'empire appartiendra à celui qu'ils salueront par le cri *Ave Cæsar !* A tout moment, voulez-vous savoir ce que fait un ministre ? Dites-vous : il s'applique à nommer des fonctionnaires agréables aux députés de sa majorité, à moins que ce ne soit à révoquer ou déplacer les fonctionnaires plus ou moins hostiles à sa majorité. Voulez-vous savoir ce que font les députés ? Dites-vous : ils sont tous absorbés par les candidats aux emplois. Ils recommandent les uns, ils traquent les autres.

Et tous les régimes se sont laissé prendre à cette besogne héroïque.

Ne vous étonnez donc pas si la question d'hier, d'aujourd'hui et de demain est, en France, celle des fonctionnaires. La France compte 39 millions de sujets qui obéissent à 10 millions de fonctionnaires ou d'aspirants fonctionnaires.

Telle est la philosophie de ce grave problème auquel des événements récents ont donné une forme non pas imprévue, mais nouvelle.

Non, certes, cette révolte anarchique n'est pas imprévue. Comment aurait-il pu advenir autre chose d'une pratique qui a substitué dans toutes les administrations le bon plaisir à la règle et la soumission à des personnages irresponsables à la subordination aux chefs? Il n'y a pas de régime qui ait fait plus de sacrifices d'argent au bien-être des fonctionnaires. Mais rarement ces sacrifices ont pu tourner à l'avantage de l'autorité. Toutes les fois que le gouvernement a pris l'initiative d'une augmentation de traitements ou de salaires, il était dépassé par quelque surenchère. Il faut avoir siégé au banc des ministres ou au banc de la commission du budget pour connaître l'avalanche des propositions ou des motions qui tombent sur les finances au moment de la discussion du budget. Elles sont toujours votées sans discussion et dans le silence complaisant de tous les partis. Il en sort de toutes les banquettes. A droite, à gauche, au centre même, c'est à qui gagnera le record, des chiffres et des vitesses. Autrefois ces amendements avait bel et bien la force de votes fermes qui, à la fin, faisaient l'objet d'un compromis entre la Chambre et le Sénat.

Il en restait toujours un trou de quelques millions dans le budget.

L'abus devint si scandaleux que M. André Berthelot obtint de la Chambre le vote d'une disposition réglementaire interdisant de mettre aux voix ces augmentations improvisées. Mais rien, hélas! ne peut empêcher aujourd'hui des députés de provoquer par des observations des relèvements de salaires. Il faut du reste convenir que la négligence de certains ministres — je ne vise personne en particulier — et surtout le refus systématique du ministère des Finances font obstacle à des réformes administratives opportunes; on résiste jusqu'au jour où l'on est obligé de céder.

Dans l'un et l'autre cas, les rôles sont déplacés. Détestables procédés qui feraient la ruine d'une administration privée et dont les effets sur les services de l'État ne doivent étonner personne. C'est la grève!

On proteste, on s'indigne, on exhorte le gouvernement à réprimer l'indiscipline. Des ordres du jour de la Chambre approuvent les *énergiques déclarations* du Cabinet.

Ah! les énergiques déclarations du Cabinet

qui parlemente avec les rebelles en désavouant par tous ses gestes leur chef direct et n'obtient leur soumission qu'en leur laissant entendre qu'il sera débarqué. Ah ! les ordres du jour de la Chambre ! Les députés, j'entends ceux qui manient les fonctionnaires comme une matière vile, ont-ils renoncé à exercer leur tyrannie sur ceux de leur arrondissement ? Mais les uns et les autres, gouvernement et parlementaires, s'efforcent tous les jours de justifier la révolte des syndicalistes en disposant à merci des non-syndiqués. Je pourrais citer des faits tout récents à l'appui de cette assertion.

Est-ce à dire que, dans la République légale, les fonctionnaires puissent prétendre à jouir du statut syndical ? Tel n'est pas notre avis. Qu'ils soient autorisés à s'associer, cela va de soi et cela suffit. Et précisément s'ils ne se tiennent pas pour satisfaits d'être unis par corporation, c'est qu'ils entendent enjamber le bornage qui définit leurs intérêts corporatifs. La forme syndicale leur donne accès à cet au-delà dangereux, qui est le domaine de la fédération ouvrière.

Une fois passée cette frontière, ils ne sont plus sous la discipline de l'État. Ils ne lui appartiennent plus parce qu'ils ne s'appartiennent plus. Ils dépendent de l'entente ouvrière. Ils s'en servent à leur profit aujourd'hui. Ils la serviront demain, suspendant les services publics afin d'appuyer les revendications des électriciens, des cordonniers ou des mineurs, etc.

Tenus au devoir de réciprocité, ils devront apporter le poids de la fonction publique qu'ils détiennent, dans le plateau de la balance. En fait leur masse représentera l'État dans les conflits sociaux. Et, comme l'État doit rester neutre dans les conflits sociaux, le syndicalisme des fonctionnaires détruit l'État. Le droit au syndicalisme fédéral leur sera donc forcément interdit quand il y aura un pouvoir organique à la tête du pays. Et cette faculté, c'est pour eux le droit syndical lui-même. Le syndicat ne leur confère nul autre avantage.

On répond : le droit syndical n'est pas le droit de grève. Non, en effet, le droit syndical ne se confond pas avec le droit de grève, mais pour cette raison que le droit du syndicat est une création de la loi, tandis que la grève est un fait qui tient à la nature de l'homme, lequel a la disposition matérielle de sa personne et peut chômer quand il lui plaît. Par conséquent, le fait de grève n'est pas attaché à la qualité syndicale. Mais le statut syndical a pour objet d'établir un débat libre sous la sauvegarde de la loi entre patrons et ouvriers. Il n'existe plus s'il ne comporte pour sanction ultime la rupture du contrat de travail. Et cette rupture est interdite au fonctionnaire. Son contrat de travail ne résulte pas d'un libre débat avec son patron l'État. Il résulte du libre engagement que lui fonctionnaire a contracté de se soumettre à des conditions de travail délibérées par le Parlement au nom de la nation.

On aboutit donc à ce raisonnement : si les fonctionnaires recourent à la forme syndicale pour s'associer, c'est qu'ils y trouvent un avantage spécial. Or, l'avantage propre du syndicat est qu'il établit envers le patron une discussion collective dont l'issue est la rupture du contrat de travail. Donc les fonctionnaires recherchent dans le syndicat une assimilation à la condition de l'ouvrier dont le dernier mot est : « la grève ».

On arrive nécessairement à refuser aux employés le droit de grève. Les P. T. T. se syndiquent, les officiers se syndiquent, les instituteurs sont syndiqués. Les magistrats ont les meilleures raisons de se syndiquer. Dans le désordre général, le syndicalisme dressera bientôt sur la nation la plus opprimante tyrannie[1].

1. Le 21 mars 1909, les délégués des postiers en grève eurent un entretien avec le Président du Conseil et le ministre des Travaux publics. Comme la délégation demandait la démission de M. Simyan, sous-secrétaire d'État aux Postes, il lui fut répondu qu'il était impossible au gouvernement de discuter la démission d'un de ses membres en dehors du Parlement, devant lequel seul sa responsabilité était engagée. Un nouvel entretien eut lieu le lendemain, et M. Clemenceau renouvela ses déclarations de la veille.

XI

DÉSORDRES ORGANIQUES

D'une part la grève étant impopulaire et de l'autre
M. Clemenceau, Président du Conseil, ayant déclaré
à la Chambre, le 22 mars 1909, qu'il convenait d'user de
quelque générosité envers les grévistes, les agents des
Postes et Télégraphes décident finalement de reprendre
le travail, le 23 mars, à partir de midi.

Les États démocratiques ne sont nulle part
figés dans une immobilité contemplative. Les
mêmes intérêts les travaillent, les mêmes idées
les émeuvent. Ils tendent au même but.

Comment se fait-il que cette évolution prenne
une forme désordonnée, tumultueuse, et dont
les effets, au moins apparents, sont en désaccord complet avec le progrès moderne ? Pourquoi en sort-il des mouvements sociaux qui
interrompent les services publics les plus essentiels et qui entraînent trop souvent à des confla-
grations sanglantes ? La violence, instrument

permanent de pression sur le gouvernement et
sur le patronat, témoigne d'une volonté excep-
tionnellement agissante et tyrannique.

Pourquoi la France est-elle devenue l'aire
unique de ces révoltes? Est-ce que les classes
salariées y sont soulevées d'une haine plus implacable? Sont-elles plus féroces ? Ont-elles le goût
inné de l'anarchie ?

Non, énergiquement non.

La vie française est plus douce et plus pacifique que celle de beaucoup d'autres peuples
dont le travail n'est pas à tout instant interrompu ou troublé comme le nôtre.

Non, notre nation n'est pas atteinte d'une tare
spéciale. Nous avons les vertus individuelles et
les vertus collectives qui rendent les nations
aptes à la lutte universelle.

Mais nous souffrons d'un mal auquel la plupart des autres ont échappé, au moins jusqu'à
présent. Nous souffrons d'une déformation mons-
trueuse des fonctions politiques.

La puissance politique se glisse partout ; elle
agit sur tous et sur tout. Elle compromet le jeu
régulier et normal des forces économiques. Elle
fausse les lois, les règlements et la notion la plus
élémentaire du droit.

Si l'on regarde de très près chacun des phénomènes étranges auxquels nous assistons depuis
quelques années, on aperçoit au fond les traces
profondes de la tyrannie politique.

La grève des Postes et Télégraphes s'explique principalement par les injustices et les faveurs qui ont été les effets du règne du bon plaisir dans cette administration. C'est contre lui que les agents ont été poussés à réagir, sous la pression syndicale d'abord, puis par l'action gréviste aujourd'hui.

C'est aussi l'intervention des députés dans les discussions budgétaires en faveur de telle catégorie d'agents, interventions habiles, multiples, dont tous les partis, de gauche à droite, ont la responsabilité, qui ont désarmé les chefs vis-à-vis de leur personnel, qui les ont démunis des récompenses plus encore que des moyens disciplinaires. Il faut avoir suivi les effets de cette déprimante surenchère pour se rendre compte du mal qu'elle a produit, obligeant le gouvernement à augmenter les salaires des uns sans considérer l'ensemble, brisant tout effort coordonné et rationnel, introduisant le bon plaisir du souverain là où ne devaient dominer que le souci de l'équité, le respect des finances publiques et l'autorité bien entendue.

Comment serait-il possible de gouverner une administration avec de tels procédés ? Surtout une administration industrielle?

Ajoutez à ces causes les mauvaises méthodes financières, cette discussion annuelle du budget qui remet tout en question à défaut de plan et de programmes, comme si on pouvait gérer une grande industrie sans la continuité des vues et sans l'application d'un système financier qui règle les accroissements de matériel et les améliorations des salaires selon la progression de l'effort demandé à l'industrie.

Désordre organique, vous dis-je. Désordre dont il faut se garder de rendre responsables les subordonnés, et dont seuls les membres du Parlement et les gouvernements sont coupables.

A vrai dire, ils ont fait revivre tous les abus des anciens régimes, le favoritisme et le désordre dans les finances.

M. Clemenceau a dit à la séance du 22 mars qu'il avait parlé aux délégués des grévistes comme un républicain à des républicains. Il eût mieux fait de leur parler comme un chef de gouvernement.

Le même jour, il a dit aux députés qu'il n'avait rien sacrifié de leur autorité. Il aurait mieux fait de leur rappeler le mauvais usage qu'ils en ont fait.

XII

LE DISCOURS DU NEUBOURG

Au lendemain de la grève, les postiers ayant fait apposer une affiche hostile à M. Simyan, le gouvernement manifeste l'intention d'engager des poursuites.

Un débat à la Chambre en résulte le 26 mars 1909. Devant les déclarations satisfaisantes des postiers au sujet de l'affiche incriminée, le gouvernement déclare qu'il considère cette manifestation comme un fait de grève. Le 28 mars, M. Briand, ministre de la Justice, prononce au Neubourg un important discours sur la situation actuelle et sur l'évolution du syndicalisme.

Si je reviens sur ce discours prononcé au Neubourg le 28 mars par le garde des Sceaux, c'est que d'abord il est l'une des œuvres oratoires les plus personnelles de M. Briand, qu'il permet de saisir *son genre* dans l'une de ses expressions les plus libres et les plus fortes, qu'il intervient au lendemain de la grève des fonctionnaires.

C'est ainsi qu'il est un aide très précieux pour comprendre la manière de gouverner du cabinet

Clemenceau. Il est permis, en un mot, d'en dégager le fort et le faible de ce ministère.

La grande qualité de Briand est d'élever la conscience de ses auditeurs à une haute conception de la politique. Autant par la souple plastique de sa parole que par la vertu philosophique de son esprit, il apaise l'auditoire, le soustrait un instant aux bruits et à la poussière du *forum*. Il ne s'adresse pas à la foule, il touche la sensibilité et la raison de chacun. Il ne cherche pas le succès dans la passion sauvage d'une assemblée, il l'attend de l'harmonie que le déroulement de sa pensée ne tarde pas à lui imposer. Il n'entraîne pas, il convainc; il ne fait violence à aucun sentiment, mais il sait les fléchir tous.

Il pourrait même, s'il avait à se justifier, citer tel de ses adversaires qui, servi par une virtuosité incomparable, change sa thèse selon son auditoire et qui, s'étant donné le ferme propos de combattre l'anarchie ou l'hervéisme, se laisse surprendre, en parlant, par la magnétique influence du nombre ou d'une volonté supérieure, et conclut pour l'anarchie ou l'hervéisme.

La variation de Briand est d'un ordre plus relevé et son esprit ne s'incline pas sous une si humiliante sujétion. Il a accepté « un poste sérieux » d'où il aperçoit tout le péril encouru par une nation qui renonce à l'ordre et à la discipline.

Ce n'est pas qu'il ait du premier coup obtenu de sa pensée cette sobriété et cette réserve tolérante. L'orateur en lui est toujours resté subordonné à l'homme. Aux jours où son ambition n'avait pas encore pris la mesure des hauteurs accessibles, ni réglé son pas en vue d'une ascension continue, on a connu un Briand à la parole aride et capable de précipiter en tourbillons les énergies populaires. Mais il n'est pas le premier exemple de l'homme qui modifie sa méthode et même son tempérament suivant sa fonction. Il exprime volontiers l'aveu de ce changement. Il l'a laissé entendre dans son dernier discours notamment.

Cet homme avait l'âme en révolte contre la douleur et la misère. Au cours de la bataille, son talent et son autorité le mènent au premier rang en tête des troupes : au plein midi de son âge, le voilà porté au sommet d'où la vue s'étend sur tout l'immense champ de l'universel combat.

Ce spectacle nouveau l'impressionne. Il se passe en lui le phénomène qui domine et a dominé l'esprit de tous ceux qui, venus des partis extrêmes, se sont mis au service du pays. Dès lors le spectacle de sa vie collective s'impose à lui ; il est brusquement conquis par le respect de cette puissante unité morale. Il se prend à l'admirer dans sa plénitude, à la fois dans son rythme intellectuel et dans sa force matérielle. Il considère la nation dans ses gloires et ses misères passées, et il s'émeut de la voir plus grande encore dans sa misère que dans sa gloire.

Combien je préfère cette conscience convertie au gouvernement, à celle de cet autre qui, parvenu au même rang, mais issu d'une origine purement privilégiée, s'ingénie à courtiser la foule, et n'ayant rien de ce qu'il faut pour la conduire, est réduit à exciter ses jalousies ou ses convoitises.

Je reconnais dans le discours du Neubourg l'un des meilleurs qu'ait prononcés M. Briand dans le genre gouvernemental.

Il y fait appel au sentiment républicain, à cet idéalisme fraternel que nous avons puisé aux leçons de la Révolution française, et aux traditions de 1848, dont nous sommes encore tout imprégnés, nous autres et ceux de quelques générations venues après nous, mais qui s'efface et s'atténue de plus en plus, au fur et à mesure qu'arrivent à l'âge majeur les générations nouvelles. Nous avons vécu dans les enthousiasmes. Et les enthousiasmes suffisaient à faire les lois de liberté. Mais déjà ils ne suffisent pas à assurer le respect et l'interprétation de ces lois selon la justice. M. Briand ne l'a pas dit et sa qualité de garde des Sceaux l'invitait à le dire. Écrire la liberté, comme c'est facile ! Vivre la liberté, quel problème !

La vivre sans empiéter sur la liberté d'autrui, sans l'outrager, sans la calomnier, sans lui nuire ! Grave problème dans un pays où la diffamation est devenue un jeu aimable, dont les magistrats et le public s'amusent.

Mais l'esprit de l'orateur était tout occupé du programme social, et son auditoire lui-même était encore impressionné des événements de la grève postale et des menaces qui lui survivent. Sans s'arrêter au tableau des troubles si pénibles, et dont quelques-uns sanglants, qui se sont succédé depuis trois ou quatre ans, M. Briand reconnaît l'angoisse qu'ils ont fait naître au cœur des vieux républicains :

« De vieux républicains, des hommes loyaux qui ont lutté, murmurent parfois en présence de ces événements des paroles d'inquiétude qui deviendraient facilement des paroles de menace et de répression : et je disais à l'un d'eux : Oui, de vieux républicains comme vous sont émus par ces faits et parce qu'ils ont étudié ces phénomènes d'une façon spéciale. A l'époque de vos luttes, tous les éléments de la nation démocratique étaient unis; on allait la main dans la main; on voyait l'avenir éclatant.

« Mais voici que, sur la route, des petits groupes se forment et se séparent; on se regarde avec défiance et demain ce regard pourrait devenir fratricide et ces hommes qui ont donné leur sang à la République pourraient s'entre-déchirer. Non, cela n'est pas possible !

« Oui, ces choses nouvelles, je reconnais que

par certains côtés elles peuvent être inquiétantes, redoutables, pernicieuses. Que voulez-vous ? C'est le premier accès de goutte d'une société qui, politiquement, a vieilli.

« Ah ! on ne subit pas facilement ce premier accès ; il est douloureux ; il met les nerfs en mouvement ; il vous donne de la colère. La colère, en pareil cas, ne suffit pas ; il faut des soins ; il faut regarder sa maladie ; il faut lui dire : Nous allons vivre ensemble. Ta menace, il faut que demain, grâce à mes soins, grâce à mon régime, elle se transforme en certitude de longue vie. »

Ce passage me fait souvenir de la goutte de Louis XIV. Il en eut le premier accès au siège de Namur. Ce fameux siège donna lieu à une profusion de nouvelles toutes plus flatteuses les unes que les autres pour le roi. L'armée avait passé le Rhin à la nage. Le Roi voulait en faire autant, mais la pluie qui était tombée en grande quantité avait les jours précédents détrempé le sol et noyé le camp. On vivait dans la boue. Louis XIV eut une atteinte de goutte. Le mal, plus que la grandeur, le retint au rivage. Mme Deshoulières fit, sur l'héroïsme du roi, les dangers qu'il avait courus et sur sa goutte, tout un poème qui finissait ainsi :

On n'osait condamner son ardeur téméraire
Bien qu'elle pût nous mettre au comble du malheur:

> A force de respect on devenait coupable :
>   Vous seule, goutte secourable,
> Avez osé donner un frein à sa valeur.

M. Briand ne sera sans doute pas choqué de ce rapprochement. Mais si vraiment la République souffre de ce mal de luxe et de vieillesse qui fut pour Louis XIV le prodrome de la déchéance, je crains que le langage du garde des Sceaux ne soit empreint, lui aussi, d'un optimisme de cour.

« Il faut des soins. » Je préfère cette phrase. Et ce sont ces soins que j'aurais voulu entendre prescrire par l'éminent orateur. Il ne s'est pas totalement abstenu d'en parler. Il les a définis. Il faut de la douceur. Et nous sommes entièrement de son avis, mais cela ne suffit pas. La main douce n'est pas nécessairement habile. La main qui veut être douce n'est pas nécessairement la plus fermement douce.

Quels sont donc les procédés indiqués par M. Briand dans la partie positive de son discours? Deux ordres de maux sont envisagés. Le premier est, par excellence, la crise sociale. Les ouvriers coopèrent à la possession d'une part de richesse.

C'est par la possession qu'il faut calmer leur fièvre révolutionnaire. Et ici M. Briand reprend franchement, et sans craindre de reproduire un vieux cliché, la thèse de la participation aux bénéfices.

M. Briand a eu raison de rajeunir ce thème. L'accession à la propriété collective, qui ne se confond pas avec la propriété collectiviste, est sans doute le moyen le plus sûr d'obtenir « l'incorporation du prolétariat », selon le mot d'Auguste Comte.

Le second mal, c'est le syndicalisme des fonctionnaires. Le garde des Sceaux n'a pas dit « syndicalisme » : il a parlé des associations, ne voulant pas sans doute légaliser les syndicats de fonctionnaires, alors que l'esprit de la loi actuelle les repousse et que la loi nouvelle les condamnera, selon toute probabilité, expressément.

A ce mal, quel remède? M. Briand n'en propose aucun. A juste raison, il rappelle tout ce que la République a distribué en avantages de toutes sortes à ses serviteurs. Il ne passe pas sous silence la cause profonde du désordre : l'immixtion des parlementaires dans toute l'administration du pays. Mais c'est là une plaie qu'il ne suffit pas de caresser pour la guérir. Il y faut planter le doigt, y enfoncer la main résolument et la sonder jusqu'au fond.

Un illustre professeur d'obstétrique, faisant l'histoire de l'accouchement chez les anciens, disait, d'un ton magistral et grave :

« Oui, messieurs, les Romains y mettaient la main et, s'il le fallait, ils y mettaient la main jusqu'au coude, ce qui donne une fière idée de la grandeur des Romains... et des Romaines sans doute. »

Eh bien! la même vigueur se recommande aux hommes qui ont à traiter le mal terrible, le mal affreux dont souffre ce régime. Oh! hâtons-nous de le dire pour prévenir les cris des royalistes nouveau-nés qui parlent de la royauté avec un bâton de guimauve entre les dents : notre dernière royauté, celle de Louis-Philippe avec qui — tout de même — le nouveau roi aura bien quelque parenté, est morte du même mal. C'est le favoritisme.

Lisez les discours du temps, vous serez vite convaincus que la campagne des banquets et la poussée du suffrage universel n'ont été que les derniers moyens d'abattre un pouvoir fini, déconsidéré par la pratique honteuse du favoritisme, par le favoritisme de caste, le favoritisme bourgeois. Nous, nous connaissons un favoritisme élargi : de la bourgeoisie nous l'avons étendu au peuple autant qu'il a été possible. Nous avons, par une savante adaptation du bonapartisme à la République, présenté les choses dues, les distributions selon la justice, comme des faveurs du prince, je veux dire des princes députés et sénateurs. Et ainsi nous avons effacé les frontières qui séparent la justice et le bon plaisir.

Voilà la vérité que le garde des Sceaux aurait dû proclamer comme la cause première de la révolte des fonctionnaires.

Et ceci m'amène à adresser une sérieuse critique au discours de M. Briand. Il est trop personnel. Il ne prétend à aucun moment à exprimer la pensée du gouvernement et même il aboutit à un effet contraire; sans que son auteur l'ait cherché, je m'empresse de le reconnaître, il aboutit à dégager la personne de M. Briand. Il ne sert pas à l'associer aux responsabilités du cabinet actuel, bien au contraire. Il est son œuvre exclusive. En cela il ne fait qu'accentuer l'effet que quelques-uns des ministres ont obtenu depuis trois ans. Leur talent, leur forte personnalité, l'empreinte qu'ils ont su donner à leur tâche propre, les ont aidés à se distinguer de l'ensemble et à isoler la responsabilité du gouvernement dans la personne de son chef.

Et c'est là un artifice dont le parti républicain ne saurait, sans risques, se faire le complice. Lui-même, devant le pays, devant l'avenir, ne sera-t-il pas responsable de la situation incohérente et malheureuse où la France se débat?

Les saccades, les sautes d'humeur, les imprévoyances, les inexpériences vraiment élémentaires, les caprices ingénus ou autocratiques, les moyens, trop souvent sans dignité, qui ont mis à plusieurs reprises le gouvernement en de si étranges postures, s'ils sont le fait d'un seul, impliquent tous les ministres dans la même cause. Et alors ne craignent-ils pas qu'un jour on ne leur dise :

« Vous avez tenu le pouvoir, jeunes hommes, à un âge où les défaillances de clarté et de volonté sont sans excuse. Vous y aviez été préparés par l'étude et la connaissance des graves problèmes que ne suffisent pas à résoudre les discours spirituels ou pompeux. Or, c'est sous vos yeux, avec votre acquiescement et par vos délibérations, que tant d'erreurs ont été commises, que tant de résolutions nécessaires ont été esquivées, que tant de questions primordiales ont été posées puis laissées en suspens, que les fonctions dans l'État ont été déconsidérées, qu'une main imprudente a abandonné peu à peu les rênes conductrices, que la dissolution a pénétré dans tous les services, et c'est enfin par votre consentement que le dégoût ou l'oubli des devoirs les plus élémentaires s'est glissé au cœur de tous.

« Vous, jeunes hommes, vous avez travaillé, par votre complaisance, à cette œuvre néfaste, et vous avez endormi votre conscience dans les vanités banales du succès et du pouvoir. — Jeunes hommes, qu'avez-vous fait de la République? »

XIII

NI DOMESTIQUE, NI RÉVOLTÉ

Un grand nombre de syndicalistes révolutionnaires prétendant représenter les fonctionnaires de l'Etat se réunissent, le 4 avril 1909, à l'Hippodrome et votent un ordre du jour préconisant la grève générale. Le 26, le gouvernement décide de demander des explications à sept agents des Postes, qui ont tenu des discours révolutionnaires; ceux-ci, se refusant à en fournir, sont suspendus de leurs fonctions. Les 2, 3 et 8 mai, de nombreux sous-agents sont révoqués. Le 11 mai, MM. Wilm et Sembat interpellent M. Barthou. La suite de la discussion est renvoyée au lendemain. En apprenant cette décision, les agents des Postes proclament la grève générale. Le 13, la Chambre vote un ordre du jour refusant le droit de grève aux fonctionnaires.

« Entre la domestication du fonctionnaire et son indépendance, il faut choisir. Pour nous, nous le voulons indépendant et non pas domestique. » Tel est le dilemme par quoi Marcel Sembat a résumé sa pensée et terminé son interpellation relative à la grève des P. T. T.

J'ose dire tout de suite que je prise infiniment le caractère et l'esprit de Marcel Sembat. De tous les chefs du parti révolutionnaire, il est celui qui mérite par son équilibre, sa rectitude de jugement, d'exercer le plus d'autorité sur la masse. C'est dire qu'il est pour nous le plus redoutable. Mais dans un pays de libre discussion et de libre action, le mieux qui puisse arriver à tous les partis, à la politique même d'une manière générale, bien mieux au gouvernement, est que chacun soit dirigé par des hommes qui aient la parole franche et nette et le coup d'œil juste. Le jeu de tous y gagne. La confusion devient impossible. Et quel péril nous fait sans cesse courir la confusion des idées et des partis !.

Pour cette fois, je me permettrai d'exprimer à Marcel Sembat notre désaccord et non pas un désaccord de parti, ce qui ne serait ni pour lui déplaire sans doute ni pour étonner personne, mais une divergence fondamentale de jugement.

Son dilemme est inacceptable. Son dilemme, je ne le comprends pas. Entre la domestication des fonctionnaires et leur indépendance qui leur permettrait de faire de la propagande anarchiste, de prêcher le sabotage, d'invectiver leurs chefs par la parole ou l'affiche, — entre cette indépendance et la domestication, je me refuse absolument de choisir. Et le gouvernement qui consentira à renfermer son choix entre ces deux termes ne sera pas un gouvernement républicain. Ce sera un gouvernement purement réactionnaire. Ce sera celui qui, ayant posé le même dilemme que Marcel Sembat, viendra dire à la Chambre :

« Messieurs, le pays est troublé depuis assez longtemps par l'agitation des fonctionnaires. C'est là une chose intolérable que nous avons la ferme intention de faire cesser. Et pour nous, il n'y a qu'une manière d'y mettre fin, c'est de réprimer chez les serviteurs de l'État toute velléité de discussion et d'association. Car s'ils se réunissent, c'est afin de débattre leurs intérêts, et l'expérience prouve que leurs intérêts sont en antagonisme avec ceux de l'État.

« C'est également un fait avéré que leur censure des institutions glisse fatalement jusqu'à la personne des chefs, et que, par un penchant invincible, ils courent à la révolte. Nous sommes donc résolus à retirer à ces dangereux collaborateurs les libertés que notre bienveillance leur avait concédées, et dont ils ont fait un si mauvais usage. Liés envers vous par des devoirs particuliers, nous exigerons de tous la plus entière soumission. Nous entendons ne leur laisser qu'un droit, celui de renoncer à des emplois qui leur semblent incompatibles avec leur dignité ou leur liberté. »

Le gouvernement qui exprimerait ainsi sa volonté de réduire les fonctionnaires à cet état d'automatisme et de servitude n'interpréterait pas sainement les règles morales qui servent à gérer les démocraties. Mais je dis qu'il raisonnerait à la manière de Marcel Sembat, et j'ajoute qu'il aurait pour lui la presque unanimité du pays, du jour où celui-ci aurait la conviction que les fonctionnaires sont incapables de jouir de la liberté avec modération.

Ce qui rend précisément la situation critique, c'est que les champions de la lutte sont d'une part les hommes voulant l'indépendance jusqu'à la grève et de l'autre les parlementaires dont la majorité a le besoin de la tyrannie. Et ce qui aggrave encore la crise, c'est que le gouvernement, qui seul pourrait être l'arbitre et faire entendre aux deux partis le langage de la raison, ne prend attitude que contre les fonctionnaires, laissant aux parlementaires tous leurs moyens d'intervention.

Il ne dit pas aux uns :

« Je m'engage à gérer votre carrière selon l'équité. Je tiendrai compte uniquement de vos qualités et de vos services. Aucune influence ne déterminera mes choix. Nul caprice ne se mêlera obscurément à votre destin. »

Il ne dit pas aux autres : « Vous ne serez plus que des représentants du peuple chargés de contrôler mes actes, vous n'aurez plus de gestion directe dans les services publics, vous ne dicterez plus vos volontés aux chefs, vous n'aurez plus des domestiques dans mes préfets. Je ne vous sacrifierai plus la justice, je ne vous livrerai plus le sort de mes subordonnés. »

Et c'est justement parce qu'il ne se donne pas cette force de représenter dans ces conflits l'équité et le droit qu'il est faible devant la révolte.

Mais rien, ni la grève des postiers ni la mauvaise politique du gouvernement, ne saurait déterminer le parti républicain à s'enfermer dans le dilemme de Marcel Sembat. Une troisième proposition s'offre à lui qui n'est pas si éloignée de notre esprit national, puisque un grand nombre de fonctionnaires l'ont adoptée comme règle de conduite. L'État n'a pas sur ses employés un droit souverain. Il leur doit la plus grande justice possible. Mais les employés n'ont pas vis-à-vis de l'État et de ceux qui le représentent une indépendance illimitée. Aussi bien hors du service que dans le service, ils sont tenus par la discipline. Dans le service, elle est une règle de fait ; hors du service, elle est une convenance supérieure. L'employé de l'État républicain ne peut être ni domestique ni révolté. — Entre les deux, il y a un homme libre et qui sait obéir.

XIV

APRÈS LA CRISE, LE MALAISE

Le 14 mai 1909, les postiers en grève se réunissent à l'Hippodrome. M. Guérard, représentant le Syndicat des chemins de fer, et M. Pataud, celui des électriciens, leur promettent le concours de leurs commettants. Le 15 mai, le gouvernement prononce 313 révocations nouvelles. Le 18 mai, la C. G. T. proclame la grève générale, mais seuls quelques terrassiers quittent le travail. En présence de l'échec complet de la grève générale, le 21 mai, la C. G. T. ainsi que le comité de grève des postiers ordonnent la reprise du travail.

A l'heure où j'écris, la grève agonise. Quatre ou cinq cents révocations de malheureux égarés et de quelques coupables, la soumission de milliers de gens aigris, pleins de rancunes et de sombres pensées, un malaise douloureux au cœur du pays, voilà le bilan de ces navrantes journées où les hommes de sang-froid cherchent vainement le parti du droit et de l'équité.

Où est-il, ce parti? Du côté des fonctionnaires? Certes non. J'y vois bien une masse de braves gens, récemment encore attachés à leur service et consciencieux et obéissants. Mais j'y vois aussi des hommes entreprenants et mal résignés à subir les conditions normales de l'avancement. J'y vois des victimes, mais j'y vois aussi des mécontents que le favoritisme a trahis un jour après les avoir satisfaits longtemps.

Est-il, ce parti, du côté du gouvernement? Non point. Car j'y vois la force aveugle et triomphante — non la raison bienfaisante — non l'État animé d'une volonté calme et régulière — non la puissance publique aux actes indiscutables.

Oserai-je dire que je n'y vois pas non plus la République? Non. Ce mot n'a rien à faire ici. Que l'État soit républicain ou non, qu'il s'appelle la République française ou la Couronne britannique ou l'Empire allemand, l'État, dans ses rapports avec ses serviteurs, a le même visage ou doit l'avoir. Il représente la chose publique, il n'a pas de passion, il ne connaît pas de privilégiés, il doit gérer dans l'unique souci du bien général et sa gestion doit être la plus scrupuleuse. Par conséquent, il doit s'abstenir de ces façons arbitraires qui, pour marquer de la bienveillance aux uns, lèsent les intérêts des autres.

Voilà à quelle moralité correspond la saine

notion de l'État. Et cette notion n'est pas nouvelle. Parce que certains régimes l'ont méconnue,
on en conclut souvent que c'est une nouveauté.
Quelle erreur ! Le favoritisme a soulevé la conscience publique en tout temps. Et il semble bien
que la conscience publique ait été seule capable
de mettre une sanction au bas de cette règle
d'honnêteté à laquelle les souverains ont manqué.

Il est donc surprenant d'entendre dire cou-
ramment : « Les fonctionnaires ne sont plus des
domestiques ; quelque chose est changé avec
l'avènement des classes démocratiques. » Mon
éminent ami, M. Ferdinand Buisson, a exprimé
avec force cette idée du nouvel ordre de choses
dans un article du *Rappel* :

« Le règne autoritaire du pouvoir personnel,
aboli dans tous les ordres de la vie publique
civile et militaire, pouvait-il rester intact dans
cette seule dépendance de l'Exécutif qui s'appelle l'administration, telle que l'a faite Napoléon ?

« Il est donc vrai qu'aujourd'hui l'agent ou le
sous-agent d'un service public quelconque a la
hardiesse de prétendre être, à son rang, si modeste qu'il soit, non plus un rouage dans une
machine, mais un homme dans une société
d'hommes. Il n'est plus à la discrétion de ses
chefs, parce que ses chefs eux-mêmes ne sont
que les premiers employés de la nation. L'admi-

nistration n'est pas leur chose, elle est chose publique.

« D'où ce bouleversement dans les anciennes données du devoir professionnel, de la discipline et de l'autorité. Du directeur au garçon de bureau, il y a bien une hiérarchie de fonctions, de traitements, mais il n'y a plus une différence spécifique qui confère au supérieur un droit absolu sur l'inférieur. Ainsi s'expliquent toutes les exigences nouvelles : garanties au plus humble employé contre l'injustice, contre l'arbitraire, contre l'oubli, contre l'erreur de ses chefs, liberté pour lui de faire valoir ses droits dans des formes prévues non seulement par un règlement bénévole qu'un ministre fait et qu'un autre défait, mais par une loi que tous seront tenus de respecter. L'ensemble de ces règles tutélaires, déterminant en dehors de tout caprice de faveur ou de défaveur les conditions de nomination, d'avancement, de service, de punition ou de récompense, est ou plutôt sera le statut légal des fonctionnaires. Mot nouveau, quoique la chose soit déjà inscrite dans la Constitution de 1848. »

Oui, l'ordre nouveau est une nouveauté qui date en apparence de 1848, mais qui, en réalité, est vieille comme l'autorité. La tyrannie du souverain a revêtu diverses formes et l'une des plus odieuses a toujours été le favoritisme. Par lui elle a désorganisé le gouvernement, affaibli les ressorts de l'État. Elle a éloigné de lui les intelligences et les caractères. Allons jusqu'au bout, ce n'est qu'une forme de la corruption. Ne voit-on le mal que si les fonctionnaires se révoltent? Il est bien plus grave s'ils le supportent sans se plaindre.

Si la Constitution de 1848 édicte un principe de garantie à l'avantage des fonctionnaires, il faut y voir le témoignage du dégoût soulevé au cœur de la masse par les pratiques de la royauté orléaniste. A la veille de la révolution, les chefs du parti réformiste entraînaient la foule avec deux arguments oratoires. Ils lui montraient d'abord le prestige du pays perdu par la faute d'un gouvernement qui abandonnait les petites nations à la majorité des grandes : ils opposaient à ce tableau d'abdication la succession des gloires de la Révolution, du Consulat et de l'Empire. D'autre part, ils dépeignaient l'humiliante courtisanerie de la bourgeoisie censitaire, avide de places, les députés participant aux budgets par leurs fils, leurs neveux, leurs gendres, leurs parents ou leurs alliés. Un discours prononcé par Ledru-Rollin à un banquet réformiste de Saintes donne le ton de ces harangues. Je ne résiste pas au plaisir d'en citer ce passage qui n'a rien perdu de son éloquence :

« Alors, Messieurs, la réforme parlementaire se fera sans difficulté. Les masses comprendront qu'il ne faut pas envoyer à la Chambre pour voter le budget ceux qui doivent y prendre part, qu'il ne faut par nommer contrôleurs des ministres ceux qui sont avec les ministres en communauté de budget... Mais vous comprenez la nécessité de la réforme, vous en voyez tous les avantages. Aidez-nous à la conquérir. C'est rendre à l'élection sa pureté, à la France sa grandeur. »

Nos ancêtres ne voyaient donc à ce mal profond, dont souffrait la société à la fin du règne de Louis-Philippe, qu'une grande réforme électorale. Et même aujourd'hui certains, pour éviter à la République une fin prochaine, persistent à croire à l'efficacité d'une réforme électorale. C'est que le mal est le même. Un personnel politique s'est constitué qui jouit de ce régime comme la bourgeoisie orléaniste a joui de sa monarchie. Il est devenu une classe de profiteurs analogue à celle qui l'a précédé. Et ce personnel comprend toutes les fractions politiques de ce temps. Les révolutionnaires unifiés qui élèvent le verbe à la hauteur de *L'Internationale* n'ont pas montré plus de réserves que les autres quand des gouvernements sympathiques leur ont entr'ouvert à demi-battant les portes de leurs cabinets.

Quand quelque ministre leur a fait les honneurs des deux battants solennels, on les a vus s'y ruer comme à la curée des emplois et des rubans. Les conservateurs, eux, sont toujours prêts à cueillir des profits et il n'est besoin que d'un sourire lointain pour provoquer leur empressement.

Voilà le système dont il faut prédire aujourd'hui la fin. Du moins il finira, ou bien, si ce n'est lui, ce sera la République; bien mieux, il finira ou ce sera la France.

Entendons-nous bien. Il ne s'agit pas seulement de la distribution cynique des avantages matériels, il s'agit aussi de cette manière de violence hypocrite par quoi les majorités refoulent le sentiment des minorités.

Ces deux choses du reste tiennent l'une à l'autre. La distribution des places et la tyrannie politique ont été en tout temps inséparablement corrélatives. Elles ont leur source commune dans la servilité des tyrans distributeurs à l'égard du pouvoir. Le parlementaire n'est pas à la Chambre ou, si il y est, c'est afin d'accomplir le rite de soumission auquel il s'est engagé. Mais il n'a pas à la Chambre son emploi véritable. Son emploi est dans les ministères. Il y va comme à Versailles on allait au petit lever. — Toute révérence gardée à l'égard de M. Clemenceau qu'il n'est point dans nos intentions de comparer au Roi-Soleil.

Les échines se courbent aujourd'hui comme autrefois, et l'insolente ironie d'un Président du Conseil n'est pas si éloignée de la superbe d'un monarque. Le ton d'un nouveau député qui

donne son nom à l'huissier de la place Beauvau
ne diffère pas sensiblement de la manière dont
un noble de province fraîchement présenté au
roi jetait le sien à l'huissier valet d'anticham-
bre.

Si loin qu'on soit des formes, des usages et
de l'appareil d'une époque, les sentiments des
hommes et les gestes qu'ils font pour les exprimer persistent au moins selon un dessin sché-
matique. Le trait de La Bruyère, gravé par les
siècles, conserve sa force de vérité : « *Les
hommes veulent être esclaves quelque part et pui-
ser là de quoi dominer ailleurs. Il semble qu'on
livre en gros aux premiers de la Cour l'air de
hauteur, de fierté et de commandement, afin qu'ils
le distribuent en détail dans les provinces : ils
font précisément comme on leur fait, vrais singes
de la royauté.* »

Il n'y a rien à changer — sauf que les premiers
de la Cour sont maintenant les premiers venus.
Mais la différence n'est pas grande, les premiers
de la Cour n'ayant jamais été les premiers ni
par l'intelligence ni par le désintéressement. La
couleur ou la hauteur du talon seules permet-
traient de distinguer les courtisans d'hier de
ceux d'aujourd'hui.

Plus que jamais leur fonction est de distribuer en gros aux provinces le caprice despotique
des hommes au pouvoir, les uns et les autres
vrais singes de la royauté.

C'est donc avec les fonctionnaires pour instruments, et la distribution des emplois comme récompense, qu'on a refoulé les minorités. Les agents politiques de tous ordres leur ont fait une guerre acharnée. Et le résultat de cette guerre est ce que nous commençons à apercevoir, cet ensemble de phénomènes politiques et sociaux qui ne stupéfient que leurs auteurs responsables et inconscients : la révolte des fonctionnaires d'une part, de l'autre l'alliance des révolutionnaires et des réactionnaires, en un mot la coalition de tous les intérêts lésés et de tous les sentiments blessés. On n'a pas compris qu'il fallait conserver au moins comme soupape de sûreté une suffisante opposition. On a traqué les opposants comme on poursuit à la guerre la destruction de l'ennemi. On a voulu aller jusqu'au bout de son droit. Dans cette œuvre antinationale, on a tué une chose terriblement nécessaire, le scrupule. On l'a tué dans l'esprit des républicains, on l'a tué dans l'esprit des autres. Or le scrupule est la plus grande force qui retienne les haines civiles.

Il n'est que temps de revenir au respect des opinions, au respect des droits, au respect des règles qui gouvernent les États. C'est à cette condition que les citoyens reviendront eux-mêmes au respect des lois et que les fonctionnaires reviendront au respect des chefs et des intérêts publics.

Le statut des fonctionnaires et surtout le mode d'élection de la Chambre par la représentation proportionnelle des partis apparaissent dès maintenant comme des barres d'appui — j'allais dire des garde-fous — indispensables. Ce ne sera pas suffisant. Les modes de gouverner d'ancien régime dont tous les cabinets prennent si vite l'habitude sont usés. La Constitution de l'an VIII, qui a sauvé ce pays il y a cent huit ans, le ruine, l'exaspère, le corrompt, le mène à l'agonie. Les méthodes financières qui commandent à tous les organes de l'État ne sont plus compatibles avec l'ensemble de ses tâches.

Est-ce tout? Peut-être, et n'est-ce pas, hélas! de quoi justifier une révolution. Oui, une révolution deviendrait l'issue unique, si le personnel politique, pêle-mêle et fondu dans un bloc d'intérêts, de préjugés et d'habitudes, — les républicains, les modérés, les réactionnaires, même les radicaux et les socialistes plus conservateurs qu'ils ne le peuvent imaginer, — se coalisait pour s'opposer à cette rénovation de la vie nationale.

Pour ne parler que de l'heure présente, une seule chose est impossible et c'est naturellement la seule sur laquelle le gouvernement concentre toute sa volonté, c'est de vouloir traiter la grève des Postes comme un phénomène séparé, isolé de ses causes et de son ambiance. Le ministère le tente sans doute. Le Parlement se prête naturellement à ce jeu qui épargne sa responsabilité et prolonge la durée de sa souveraineté, mais le pays est maintenant averti. Il a pris conscience du danger. Le vertige l'a touché. Il aspire à la santé.

Comment manifestera-t-il ses angoisses et ses aspirations aux élections prochaines, certains scrutins nous permettent de le prévoir. Si d'ici là une politique entièrement nouvelle ne vient assainir la situation des partis, on connaîtra les résultats les plus confus, les plus troubles et les plus dangereux. On aboutira promptement à une impossibilité absolue de gouverner.

Et c'est alors que se réalisera cette parole qui n'est pas mienne, mais digne d'un prophète : « Bientôt seuls les partis de désordre sauront gouverner. »

XV

LES FONCTIONNAIRES
ET LE SOCIALISME RÉVOLUTIONNAIRE

Quelques agents des Postes étaient allés déposer, en mai 1909, les statuts d'un Syndicat des agents des Postes, Télégraphes et Téléphones; le 1er juin, le Parquet déclare que ce Syndicat est illégal. Le 22, la Chambre repousse, par 416 voix contre 127, la motion Wilm-Sembat tendant à la suspension de toutes poursuites contre le Syndicat des agents des Postes.

Nulles circonstances ne furent jamais plus propices à l'observation du socialisme révolutionnaire français que celles qui entourèrent la récente grève des postiers et les manifestations de la Confédération générale du travail.

Que les causes du conflit qui agita notre grande administration des Postes fussent d'ordre politique, c'était l'évidence. Les socialistes de la Chambre ne pouvaient donc s'en désintéresser. Justement par leur indépendance, leur rôle d'opposants, ils étaient admirablement placés pour faire la critique du favoritisme, de l'arbitraire, et de toutes les mauvaises méthodes de gouvernement qui entretiennent l'incertitude et le caprice dans la direction industrielle des services. Mais telle ne fut pas la conception qu'ils adoptèrent. Sans discussion, et, on peut le dire, sans méditation, les chefs du socialisme révolutionnaire acceptèrent dès la première heure le postulat d'une grève sociale des fonctionnaires. Ils admirent comme une chose nécessaire et conforme à la doctrine l'union intime des fonctionnaires et du prolétariat révolutionnaire. Ils acclamèrent la révolution dans la révolte des serviteurs de l'État.

En même temps la C. G. T. apportait la promesse de tout son effort aux grévistes.

Du moins les purs syndicalistes de la C. G. T. versaient toute la puissance de l'anathème révolutionnaire aux réunions de l'Hippodrome.

Plus clairvoyants les réformistes et à leur tête M. Niel, le secrétaire général de la C. G. T., se réservaient. On devine, au fond de leur pensée, le refus de mélanger la cause du prolétariat organisé avec celle des fonctionnaires.

Combien ils ont raison.

Il est stupéfiant, le mot n'est pas trop fort, de voir des esprits philosophiques, je pense à Jaurès et à d'autres, jeter aussi légèrement les forces révolutionnaires dans une bagarre où le socialisme le plus aventuré n'a rien à voir.

Le socialisme collectiviste, qu'est-ce donc? Le porte-t-on comme une fleur à la boutonnière, une cocarde au chapeau? Suffit-il d'arborer l'églantine sanglante sur la poitrine pour être dans le socialisme? Pour y adhérer individuellement peut-être, et encore! Pour y participer de tout son être et avec la masse des intérêts des classes qu'on représente, ces marques extérieures ne signifient rien. Il faut de plus y faire l'apport d'une existence entière avec ses vicissitudes, ses peines, ses misères, ses salaires conditionnels, ses angoisses, ses luttes, et, à la fois, son servage et ses libertés. Celui qui, dans cette association de destinées qu'on appelle le prolétariat, manque d'un élément de ce capital physique et moral, ne saurait être l'une de ses cellules vivantes. Il peut vouloir en être, il n'en est pas. La vertu d'adhérence lui fait défaut.

Quelques hommes, doués d'une imagination ardente ou d'une psychologie supérieure, sont parvenus à s'identifier au prolétariat socialiste afin de le conduire et de lui procurer des facultés éducatrices. Mais la pénétration du socialisme par ces intelligences ne se fait pas sans risques pour lui. Leur origine bourgeoise les soumet à une surveillance soupçonneuse, dont le moindre effet est de les incliner de parti pris aux opinions les plus violentes. La plus rigoureuse discipline de conscience, la nature la plus scrupuleuse seront souvent impuissantes à résister à cet irrésistible penchant. Terrible situation pour un homme qui s'interroge sans cesse! Est-il courageux, il craint d'être suspect. Veut-il n'être que fidèle, il est certain d'être lâche. Ainsi étranger au monde ouvrier, il devra se donner ses passions, et s'imposer ses aveuglements.

Mais bientôt se formera en lui une nature factice, en qui se réfléchiront les vibrations instinctives et tumultueuses de l'âme ouvrière, selon une amplification maladive. Et tout ce travail de transformation se sera accompli au préjudice du sens critique. Ce chef ne sera plus jamais qu'un suiveur inconscient ou un excitateur. Est-il finalement pour le prolétariat révolutionnaire une force ou une faiblesse? C'est difficile à dire, comme il est malaisé d'établir le bilan du bien et du mal qui compose une vie contrefaite.

Voilà pour le bourgeois converti au socialisme.

Mais combien il est mieux défini et plus certain le rôle d'une masse de bourgeois fonctionnaires pénétrant d'un seul coup dans la masse prolétarienne. Combien les actes et les réflexes qui en résulteront sont d'un diagnostic plus facile !

Tout d'abord il faut une circonstance exceptionnelle et étrangère ou presque à sa résolution qui détermine ce groupe étranger à frapper à la porte du socialisme. Il vient irrité, haineux, prêt à tout. Mauvaise condition d'esprit, on l'avouera, pour accomplir cet acte d'initiation à la religion des temps nouveaux. Il accourt, se rue, demande le secours, l'exige même. Il l'obtient ou il ne l'obtient pas. Il se peut qu'il ne l'obtienne pas. Sa cause est compliquée. Le prolétariat a besoin de la comprendre. Il aperçoit la vie du fonctionnaire très loin de la sienne. Comment prendrait-il connaissance si subitement d'images si différentes de celles qui lui sont familières?

Les récriminations qu'il entend ont un accent spécial. Il n'a pas la mesure des griefs formulés. Il hésite à leur donner une importance telle qu'il s'expose pour eux à la plus cruelle épreuve avec sa femme et ses enfants.

En un mot cette cause n'est pas sienne.

Jaurès et d'autres s'épuisent à redire et à récrire des mots et des phrases qui affirment cette solidarité du fonctionnaire et de l'ouvrier, mais c'est en vain. Cette solidarité n'est pas dans la nature des choses : elle est verbale uniquement. Les sangs crient pour la nier. Les uns et les autres parlent des langues différentes, ressentant des sensations divergentes. Je vais plus loin : l'ouvrier flaire dans le fonctionnaire le bourgeois. Et il n'a pas tort.

Le fonctionnaire, si petit qu'il soit, a une vie secrète : l'ouvrier est un simple, tout à nu, tout à vif.

Le fonctionnaire est enveloppé de forces con-
fuses et compliquées, il s'enracine dans un sol
nourri d'influences, de protections, de relations,
d'intérêts familiaux. De ce milieu peut bien
surgir une plante folle. Mais sa masse est prise
dans la pâte de la conservation sociale.

On peut affirmer aujourd'hui cette vérité es-
sentielle : car elle est expérimentalement prou-
vée. On a vu fondre les réunions des postiers au
souffle brûlant des discours révolutionnaires.

Ils étaient cinq ou dix mille d'abord. En quelques heures, ils se sont réduits à une poignée.

Cet effet, je me flatte de l'avoir prédit, dès la
fondation des premiers syndicats de fonctionnaires. Ce n'est pas à ceux-ci que j'ai crié :
« N'entrez pas à la Bourse du travail! » C'est aux
ouvriers que j'ai dit : « N'accueillez pas chez vous
les fonctionnaires. »

Sans doute les grands chefs du socialisme ne
veulent pas regarder sous la peau les néophytes
qui s'offrent.

Semblables aux badauds qui se précipitent
au moindre incident de la rue, ils se précipitent
dès qu'un trouble se produit n'importe où. Ils
font les rassemblements. *L'Internationale*, ce
chant de terreur, n'est plus, grâce à eux, qu'une
gaminerie sans importance. Tout leur est bon à
jeter le désordre dans l'État, dans la vie nationale.
Au fond ce ne sont que des saboteurs.

Mais quelles grimaces apparaissent leurs ébats

aux socialistes dépositaires de la véritable doctrine! Le *Vorwærts* ne le leur a pas envoyé dire. A plusieurs reprises, il a déclaré que les opérations désordonnées, qui avaient pour but de suspendre les services publics les plus nécessaires à toute la vie, n'avaient aucun rapport avec les ocialisme. Et cette leçon s'accordait parfaitement avec la condamnation de la grève générale que la social-démocratie allemande a prononcée et réitérée en toute occasion. On peut se fier à elle pour refouler, dans le bas-fond de l'anarchisme, la théorie du syndicalisme saboteur, que les élégances oratoires de Jaurès et de ses amis enluminent des riches couleurs du grand soir.

Pour elle, toute cette histoire est une histoire française. Et rien n'est divertissant comme de voir nos internationalistes recevoir en pleine figure cette apostrophe méprisante de la plus internationale des démocraties ouvrières : « Vous n'êtes que des Français! »

Il arrive toujours un moment où les hommes les moins équilibrés souffrent du vertige. Nos révolutionnaires n'ont pas échappé à cette crise intérieure. Quelques lignes de Jaurès dans *L'Humanité* en témoignent. Il s'est demandé ce que la République allait devenir dans cette dislocation générale du pouvoir gouvernemental et de l'État.

Naturellement, dans l'examen trop raccourci des causes, il a négligé de s'attribuer la moindre responsabilité. Le parti radical est, à ses yeux, le seul coupable.

Certes le parti radical ne sortira pas indemne du défilé, où, par un long enchaînement de fautes et d'erreurs, il est aujourd'hui engagé. Mais la plus grossière de ses erreurs, la plus grave de ses fautes, ne l'oublions pas, fut d'accepter de 1902 à 1905 la direction et la discipline du chef des socialistes.

En est-il tout à fait dégagé aujourd'hui? ne subit-il pas l'influence de ses théories, et même quand il tente d'en écarter l'obsession, ne cède-t-il pas à la tendance de se les assimiler?

En un mot, le socialisme n'est-il pas l'aimant qui affole la boussole radicale? N'est-ce pas là la source de ses incohérences, de ses accès alternatifs de veulerie et de violence?

En face de ces détestables sottises, où le pays risque de perdre sa foi en lui-même, sa dignité et sa force matérielle, on pense à la valeur que prendrait tout de suite un parti qui serait simplement républicain, qui gouvernerait selon la justice et selon les lois, qui chercherait les solutions du progrès par les voies les plus simples et garderait en toutes circonstances le sentiment du devoir national sous le regard de l'étranger.

XVI

L'ISSUE

La grève des Postes provoque une crise au sein de la
C. G. T. : M. Niel, qui s'est montré hostile à la grève générale, est amené à donner sa démission de secrétaire
général ; il est remplacé par un socialiste révolutionnaire. Les réformistes forment un comité d'union syndicaliste dont l'organe s'appelle *L'Action ouvrière*. Tout
en se défendant de préparer une scission, ils se proposent de combattre les théories anarchistes, démagogiques et l'agitation en paroles.

Il ne faut jamais désespérer de ce pays. Il
manifeste d'étranges maladies, si étranges, que
seuls ceux qui vivent sur notre sol peuvent en
comprendre l'origine et en suivre le cours. Il
semble souvent s'acheminer vers la mort par
des crises soudaines ou qui s'engendrent les
unes les autres d'une façon ininterrompue. Puis
brusquement ces maladies se dénouent, ces
crises s'apaisent. La clarté et le calme s'impo-
sent et s'étendent selon le mode des hautes

pressions de l'atmosphère. On croirait volontiers que des influences occultes interviennent dans la capricieuse destinée de la France afin d'essayer sur l'âme la plus sensible et la plus variable du monde la puissance de leurs enchantements.

A coup sûr, l'effort des hommes les plus habiles et les plus qualifiés pour rappeler à la santé un tel malade le conduirait moins nécessairement au but que l'évolution naturelle de la maladie.

Ces réflexions viennent à l'esprit à propos des phénomènes qui annoncent la dislocation prochaine de la Confédération générale du travail. Oh ! qu'on ne se méprenne pas sur mes opinions. Je n'ai jamais pensé que la C. G. T. fût une menace pour l'existence ou la sécurité nationale. Les tonnerres de Pataud n'ont à aucun moment troublé mon âme au point de faire passer sur elle les grands frissons de l'heure tragique. Je n'ai jamais vu dans les prédications révolutionnaires des motifs d'angoisses et de repentir. Ils ne sont jamais parvenus à me faire maudire les lois de liberté. Enfin, cette longue convulsion ouvrière ne m'est pas apparue comme celle du pays tout entier.

Quiconque touche par un côté de sa vie à la vie des campagnes n'a pas le droit de concevoir de telles alarmes.

Ce n'est pas assez dire. Il n'y a pas que les milieux ruraux qui ont conservé la plénitude de leur santé morale. J'en peux dire autant de la grande, de l'immense majorité du prolétariat. L'anarchisme syndicaliste n'a pas encore jeté le déséquilibre dans les profondeurs de la masse. Il s'en faut de beaucoup.

La trop facile badauderie de certains journaux à grand tirage a prêté aux prétentieux cabotins de ce parti politique une tapageuse célébrité. L'antipatriotisme et le sabotisme en ont profité pour déployer leur blagueuse réclame. Mais qu'est cela dans l'effervescence d'une démocratie très intelligente, inquiète de penser et d'agir, et dont la plus grave faiblesse est de ne pas exercer son observation sur les choses extérieures?

Ni dans les couches pressées et débordantes que les industries du Nord font vivre sous un rude climat, ni même dans ces fourmillantes provinces que sont les faubourgs de Paris, les criminelles folies de l'antipatriotisme n'ont fait de ravages appréciables. Qui a vu de près les régiments, auxquels les uns et les autres envoient leurs recrues, ne croira pas au danger de la contagion.

Ce qui est inquiétant, douloureux, humiliant pour nous, Français, ce n'est pas cette crise particulière, ce n'est pas, à elle seule, la C. G. T., ce n'est pas isolément la grève des fonctionnaires ; ce n'est pas, si illogique pourtant, la grève des privilégiés inscrits maritimes; ce n'est pas la désorganisation de l'œuvre vive de la marine militaire; ce n'est pas l'incohérence de la Chambre, qui met tant de temps et de peine à introduire dans chacune de ses œuvres des absurdités ou des contradictions qui ruinent son édifice à mesure qu'il s'élève; ce n'est pas le gouvernement, qui se contredit sans cesse, menace tous les intérêts, allume des incendies pour s'exercer à les éteindre, au risque de laisser des foyers couver sous la cendre; non, ce n'est pas ceci ou cela, mais c'est tout ce foisonnement d'actes néfastes et d'agitations inutiles.

Il y a, révélé par cette multiplicité de symptômes, un état morbide qui paralyse tout notre rayonnement, qui nous met en état d'infériorité, qui nous retarde quand les autres progressent, qui nous expose enfin aux mauvais coups du sort.

Pourtant, à côté de nous, une pompe glorieuse se déploie, où la France est acclamée par un peuple qui lui doit son émancipation et sa renaissance. A peine cinquante ans nous séparent des journées mémorables de Magenta et de Solférino où les armées françaises conquéraient pied à pied leur patrie aux Italiens.

Et ce fut un acte non seulement glorieux, mais nécessaire. S'il n'eût été accompli à ce moment, l'Italie serait encore dans le servage de l'Autriche, et depuis longtemps la Méditerranée serait un lac allemand.

Il est vrai que l'Italie, libérée, a cherché asile sous les plumes des aigles autrichiennes et prussiennes, compromettant ainsi l'avenir même que nous avions sauvegardé.

Mais si par sa faute le problème reste posé, il faut bien penser que nous, et nous encore, aurons à le résoudre.

Aujourd'hui, toutes nos faiblesses, nos folies, nos bêtises aboutissent à ce résultat imprévu : l'abandon de la Méditerranée aux pavillons germaniques[1]. Ainsi, à cette heure, tout nous avertit qu'un fait immense se prépare, qui doit fixer nos regards, une chose incroyable qui est cependant notre propre ouvrage. Et voici ce que le ciel nous dirait, si le ciel parlait comme autrefois :

« Peuple, regarde ce qui fut ton domaine historique, ce qui est encore ta réserve, ton viatique. Voici qu'il va t'échapper ; tes ennemis étendent sur lui leur empire. Souviens-toi qu'ici est la porte magnifique par où le génie des civilisations a pénétré jusqu'à toi, et c'est par là toujours que passent ton esprit et tes armes afin de protéger les vastes terres qu'ils ont réunies sous tes lois.

« Suivant que tu conserveras cette mer libre ou qu'elle te sera fermée, tu respireras ou bien tu t'éteindras. Décide si tu le peux, et choisis si tu l'oses. »

1. Cf. PIERRE BAUDIN, *Nous et les autres* (« L'Allemagne dans la Méditerranée », conférence faite à la Ligue maritime française pour la création de la section marseillaise, 9 novembre 1906).

XVII

LES ENSEIGNEMENTS D'UNE GRÈVE

Le 24 juillet 1909, le ministère Briand est constitué.
La question du statut des fonctionnaires et de la réforme
des Postes est confiée à M. Millerand ; la personnalité de
M. Symian se trouve ainsi supprimée, et, avec elle la
grande cause de mécontentement des postiers. Le 9 août,
le nouveau ministre des Travaux publics procède aux
premières réintégrations des postiers révoqués.

On ne peut qu'approuver les intentions de
M. Millerand en ce qui concerne les postiers révoqués. Interrogé par notre confrère M. Marcel
Hutin, de *L'Écho de Paris*, le ministre a déclaré
qu'il ne procéderait à aucune réintégration qui
ne fût proposée par le chef de service, qu'il exa-
minerait chaque cas individuel, et qu'il ne ferait
pas supporter aux contribuables les charges qui
résulteraient de nominations en surnombre.

C'est au fur et à mesure que des emplois deviendront vacants que les anciens grévistes

reprendront place dans les services. Enfin, ils ne seront pas nécessairement — tant s'en faut — nommés au même grade qu'ils occupaient au moment de la grève.

Ainsi la mesure prise par le ministre affecte un caractère purement bienveillant. Personne moins que les saboteurs et leurs porte-fanion de *La Guerre sociale* ne saurait s'en féliciter comme du résultat de leurs menaces ou de leurs bravades.

Les chefs de service ne seront pas bafoués. Leur clémence s'associera à celle du ministre. La discipline en sortira fortifiée.

Dans l'interview à laquelle je fais allusion, M. Millerand a très justement indiqué qu'il avait dû attendre l'arrêt du Conseil d'État qui a rejeté le pourvoi des révoqués. Il est de toute évidence que si, dans une crise violente comme celle qui a secoué l'administration des P. T. T., le droit de révocation échappait au gouvernement, c'en serait fait de l'autorité de l'État sur ses agents. Nous qui n'avons point crié haro sur les malheureux égarés, et qui croyons très fermement qu'une grande part des responsabilités de la grève leur échappe, nous sommes bien placé pour dégager de ces pénibles événements la leçon qu'ils comportent. Les leçons, devrait-on dire. Il en est une, dont M. Millerand a très nettement et tout de suite fait son profit.

En supprimant le sous-secrétariat d'État, il a

mis fin à cette dualité de direction gouvernementale dont les P. T. T. souffraient depuis longtemps, et en même temps il a supprimé cette autorité indéfinie et trop directe qui enlevait aux chefs de service la prise en mains du personnel de tous grades et il l'a remplacée par des directeurs. Un ministre est obligé de respecter la hiérarchie. Un sous-secrétaire d'État trop zélé devient facilement, et sans s'en apercevoir, un chef de personnel; et comme, en même temps, il a des raisons d'être agréable à ses collègues du Parlement ou à des personnes du meilleur monde pour qui le pouvoir en République est un reflet d'absolutisme, un rayon de soleil royal, il incline au bon plaisir : il devient, avec la meilleure volonté du monde, un très détestable gérant d'une grande industrie d'État.

Le rétablissement de l'autorité directoriale a donc été un acte fondamental du nouveau ministre.

Mais il est une autre leçon que la grève nous a donnée, et dont il serait dommage que la gravité s'atténuât avec le temps. La cause principale de son échec est qu'elle ne s'appuyait pas sur la base syndicale. L'élément syndicaliste, qui s'est accru au cours de l'action gréviste, n'en formait pas le noyau. L'appel de la grève aux Syndicats ne fut pas entendu avec force. C'est que l'entente n'avait pas été faite préalablement entre les postiers et les Syndicats. Et, qu'on ne s'y méprenne pas, ce n'est pas là une question de forme, un formalisme négligeable. Il y a dans la pratique syndicaliste avant tout l'influence d'un mot, et pour la masse le mot a une valeur substantielle.

Aujourd'hui, qui dit Syndicat dit troupe armée et exercée pour la grève. Et, du reste, l'un des traits de la loi de 1884 n'a-t-il pas été de consacrer le droit de grève avec la plénitude de ses conséquences et, la première de toutes, le droit de coalition?

La grève des fonctionnaires ou employés de l'État rencontrera de grands obstacles tant qu'elle ne sera pas une grève syndicaliste. Ce serait donc une erreur, dangereuse à la fois pour l'État et pour ses agents, que de confier à ceux-ci le droit syndical. La plupart de ceux qui sont disposés à le leur céder croient pouvoir en même temps leur interdire le droit de coalition. C'est ce que ferait certainement la majorité de la Chambre si elle avait à en délibérer.

A mon sentiment, ce serait faire le jeu le plus dangereux et ne préparer que des dupes.

Le droit de coalition est inhérent au droit syndical. C'est ce qu'avait hautement proclamé Waldeck-Rousseau. Quand il eut à repousser au Sénat la tentative de la Droite et du Centre pour faire insérer dans la loi l'interdiction aux Syndicats de se coaliser, il s'appliqua à briser ce dernier effort de ses adversaires.

C'était le plus redoutable. Il avait trop de clairvoyance pour ne pas apercevoir dans l'avenir le parti que l'esprit révolutionnaire tirerait de cette liberté nouvelle. Il savait par expérience que la masse ouvrière aurait à souffrir cruellement avant d'avoir acquis la sagesse qui permet aux hommes de se rendre dignes de la liberté, Il savait que ce droit de coalition serait en des mains téméraires ou criminelles un instrument terrible, et que la vie sociale en pourrait recevoir des atteintes.

Mais son vaste esprit mesura très vite les dangers auxquels il exposerait et le monde ouvrier et la société légale, s'il refusait au premier un droit essentiel et dont la conquête deviendrait dès lors l'objet nécessaire et principal des Syndicats à peine nés.

Les Syndicats d'employés, auxquels le droit de coalition serait dénié, ne seraient pas au sens raisonnable des Syndicats, mais ils auraient le désir naturel de le devenir.

Le gouvernement ni le Parlement n'ont le droit de préparer ainsi pour l'attrait du jeu, pour des apparences récréatives, des luttes où sont impliqués tant d'existences et de si grands intérêts.

Qu'on écarte des employés de l'État ces tentations, ce sera épargner au pays des crises inutiles.

XVIII

LA CONFÉRENCE INTERNATIONALE
DES SYNDICATS

Les délégués des organisations ouvrières des divers pays se réunissent à Paris, les 30 et 31 août 1909, en un congrès international, pour jeter les premières bases d'une Interconfédération générale du travail. Ces Conférences internationales, qui se réunissent tous les deux ans, sont composées des secrétaires des Syndicats centralisés, allemands, anglais, belges, américains, etc.

D'autres sujets plus pressants nous ont occupé au moment où se tenait la Conférence internationale des syndicats. Mais ce fut un fait très important et que nous nous réservions de commenter.

Depuis 1902, il existe un Secrétariat international des Syndicats, organisation dont le rôle est d'établir un lien permanent entre les organisations centrales de chaque pays et surtout de convoquer une conférence périodique de leurs secrétaires.

Cette conférence a eu lieu en 1902 à Stuttgart, en 1903 à Dublin, en 1905 à Amsterdam, et en 1907 à Christiania. Peu d'années après sa fondation, le Secrétariat international vit un conflit se produire entre la C. G. T. française et lui. Conformément au mandat qu'elle se fit attribuer par le Congrès de ses adhérents nationaux, la C. G. T. requit du Secrétariat international l'inscription des questions suivantes à l'ordre du jour des conférences : la grève générale, l'anti-militarisme, les huit heures. Le Secrétariat international refusa tout net. La C. G. T. cessa ses rapports réguliers avec lui. Cette rupture ne se traduisit par aucun acte.

En France, c'est ainsi que procède le syndiqué ou l'associé qui n'a pu faire agréer une proposition par le syndicat ou l'association. Il boude, il ne paie pas ses cotisations et se laisse radier. C'est l'une des raisons qui expliquent le petit nombre de syndiqués et généralement d'associés dans toutes nos organisations corporatives et leur pauvreté par rapport au nombre et à la richesse des trades-unions anglaises et américaines, et des organisations allemandes.

Donc, la C. G. T. bouda et ne parut ni à Amsterdam ni à Dublin. Du moment qu'elle n'y pourrait agiter l'antimilitarisme et la grève générale, elle ne se reconnaissait aucun rôle dans ces réunions et les dédaignait comme des parlotes inutiles.

Cependant le secrétaire international, bon prince, continuait à lui adresser ses communications, ses statistiques et ses convocations. Il en était pour ses frais, la C. G. T. ne payant pas ses cotisations. Le secrétaire international, M. Liegen, Allemand précis et patient, souriait, pensant que les Français, quinteux, reviendraient un jour à résipiscence.

L'événement le récompensa. On sait qu'au Congrès de Marseille les dirigeants de la C. G. T. furent amenés à incliner leur intransigeance. Ils proposèrent eux-mêmes de reprendre les rapports avec le Secrétariat international. Mais comme ils ne pouvaient convenir que les Congrès des secrétaires centraux pussent avoir de l'utilité par leur seule compétence à délibérer sur les intérêts économiques du prolétariat, ils mirent à leur adhésion nouvelle une condition qui est inspirée du même esprit : à savoir la mise à l'ordre du jour du premier Congrès de la proposition que les Congrès des secrétaires seraient transformés à l'avenir en Congrès internationaux des syndicats eux-mêmes.

Nous allons retrouver tout à l'heure cette idée disséquée par les délégués étrangers. Il apparaît tout de suite qu'elle vise à provoquer des assemblées immenses, où la méthode de la discussion serait moins rigide qu'au sein d'une réunion de quelques personnes et où les éléments de démagogie anarchiste auraient chance de se rencontrer

et de former une phalange bruyante et audacieuse, intimidant les plus pondérés. Elle n'avait
aucune chance d'être accueillie. Et, en fait, les
représentants de la C. G. T. furent obligés de la
retirer pour éviter de réunir contre eux l'unanimité du Congrès. Mais le Secrétariat international
accepta d'inscrire à l'ordre du jour la proposition
de la C. G. T. et, afin de mettre plus de grâce
dans le retour au bercail des Français indisciplinés, il convoqua la conférence à Paris.

Elle comprenait une vingtaine de délégués
représentant l'Angleterre, la France, l'Allemagne, les Pays-Bas, la Belgique, l'Autriche, la
Hongrie, l'Italie, l'Espagne, la Croatie, le Dane-
mark, la Suisse, la Norvège et les États-Unis.

Le premier débat fixe la physionomie de la
conférence. Tout ce qui suivra ne fera que
compléter, étoffer et, si je puis dire, parer ces
traits essentiels. Il s'agit de savoir si la conférence délibérera ou non devant la presse. M. Yvetot, de la C. G. T., pose ainsi la question : « Il
est bien entendu que le secrétaire de la conférence est chargé de la rédaction du compte rendu
officiel. » Tout le monde approuve. Alors
M. Yvetot se prévaut de ce consentement unanime pour demander que la conférence soit fermée, « les militants qui désirent suivre ses travaux étant trop nombreux pour être tous
admis ».

Mais M. Hueber (Autriche), d'un coup de poing,

crève ce paravent : « Les prolétaires n'ont rien
à cacher de ce qu'ils font dans leurs congrès; la
révolution ne se fait pas dans une cave. »

Ne croit-on pas entendre la fière réponse d'un
Danton ouvrier à la ténébreuse et hypocrite
proposition d'un *feuillant?* Les délégués étrangers
ont, par là, préludé à cette série à peu près
ininterrompue d'admonitions, que fut la conférence pour les délégués de la C. G. T.

La presse fut admise, et les innombrables
militants que M. Yvetot craignait de voir en-
vahir la salle auraient pu entrer aussi. Mais il y
eut de la place pour tout le monde.

Singulier spectacle : c'est l'Allemagne et l'Autriche qui s'indignent à la pensée d'un prolétariat cachant ses actes, marchant dans le chemin
des taupes. Ceux qui, là, parlent au nom des
ouvriers français, veulent à toute force prendre
des airs de conspirateurs. Il leur faut l'apparat
naïf des trappes, des escaliers dérobés. Ils vont
jouer dans *La Tour de Nesles.* Ils entrent à
l'Ambigu par la porte des artistes, les yeux bril-
lants sous le sombrero et la cape couleur de
muraille. Pauvres cervelles, au fond purement
françaises, qui rêvent de raviver les conjurations
des carbonari et affectent de méconnaître la
liberté et les choses de la vie moderne. Grattez
tout anarchiste, vous découvrirez un romantique.

Sitôt après cette première et brève passe
d'armes, nouvel incident: M. Huysmans, Belge,

fait observer que la C. G. T. n'a pas payé ses cotisations arriérées. M. Yvetot lui répond en rappelant les dissentiments antérieurs. « Nos propositions n'ont pas été prises au sérieux, nous n'avons pas pris au sérieux nos cotisations. » Mais Liegen, secrétaire international, pose la question de manière que la C. G. T. ne peut s'en tirer par une pirouette. Il rappelle avec, quelle ponctualité il a rempli ses obligations envers la C. G. T. Celle-ci n'avait pas de raisons de se soustraire aux siennes. Ses propositions d'anti-militarisme et de grève générale avaient été rejetées par les conférences antérieures. Ce sont là armes propres à la C. G. T. Aucun autre ne peut imposer sa tactique, chaque pays doit fixer la sienne.

La seconde journée de la conférence fut remplie presque complètement par le débat sur la proposition française d'appeler tous les syndicats nationaux à des Congrès. Hueber, au nom de plusieurs nationalités, fait une déclaration capitale : La proposition tend à mêler l'action syndicaliste et l'action politique. Or « les Congrès ouvriers internationaux seraient une Babel où aucun travail ne serait fait. L'action politique et l'action syndicale sont les deux bras mis en mouvement par la volonté unique du prolétariat. Il faut agir avec les deux bras. »

Liegen précise en affirmant que les Congrès socialistes sont les seules assises du prolétariat agissant. Il ne peut se faire une idée de ces Congrès syndicaux, où la difficulté de langage s'ajouterait à l'impossibilité de fondre en une seule les conceptions très diverses de l'action ouvrière

Les deux délégués français, Jouaux et Yvetot, ont, à cela, opposé une thèse où se rassemblent les idées maîtresses de la C. G. T. et où apparaît surtout, en relief très accusé, l'arrière-pensée de ses dirigeants anarchistes et démagogues.

Ils n'ont cure des Congrès socialistes. Ce sont des assemblées politiques où dominent les élus et ceux-ci sont corrompus. Tout ce qui est politique est corrompu. Les élus ouvriers plus encore que les intellectuels. Seule l'action directe affranchira le prolétariat. Si les syndicats étrangers ont la force du nombre et la force des capitaux amassés par les cotisations, le syndicalisme français a d'autres moyens qui le rendent plus redoutable aux gouvernants. Et ils concluent que la tactique, bonne aux autres, ne vaudrait rien en France.

Leur action « purement économique » convient seule à ce doux pays.

Entendez par là que le sabotage est le dernier mot de l'effort ouvrier.

Toute cette discussion qui se passe entre vingt personnes est la justification la plus éclatante de l'assertion de M. Liegen : les Congrès ouvriers internationaux seraient des Babel. Les membres de la conférence de Paris, secrétaires des centres nationaux, hommes très intelligents et très avertis, savaient pertinemment à quoi s'en tenir sur les déclarations pompeuses de MM. Jouaux et Yvetot.

Leur prétendue action économique est économique à-la-façon-de-*barbari-mon-ami*. Voilà-t-il pas la chose la plus étrange du monde : les Anglais, les Allemands, les Autrichiens, les Américains, tout ouvriers qu'ils sont, baignent dans un milieu imprégné uniquement d'idées économiques. La politique n'y est jamais qu'une apparence. La vie de ces peuples est absorbée par le souci des intérêts collectifs. Ils sont solidement constitués en races, en nations, en groupements intérieurs, corporatifs ou autres. On peut dire qu'ils forment, par leur direction commune, le *gulf-stream* de l'activité économique de l'ancien et du nouveau monde.

Au contraire, la France, en face d'eux, représente la vie idéaliste, l'action politique. Des discordes intérieures, de l'ébullition spiritualiste et presque mystique, une confiance démesurée, presque de la foi en l'autorité et la violence, une ignorance à peu près générale des directions modernes de l'univers, une curiosité des idées mais non des faits, de l'humanisme parfois cruel, une recherche passionnée de la justice qui déborde souvent en iniquité, voilà ce qui nous prend et dévore nos journées. La C. G. T. n'est que la forme la plus récente et la moins intelli-

gente de cette nature française. Économique,
aussi peu qu'il est possible. Politique à coup sûr
jusqu'à l'impossible, jusqu'à la grève générale
qui est une bêtise, et à l'antimilitarisme, qui
ressortit à la pathologie.

Les membres étrangers de la conférence com-
prirent à merveille ces paradoxes. Liegen finit
par déclarer les idées de la C. G. T. *dépourvues
de toute base réaliste*, et Hueber, impatient, de-
manda qu'il ne fût plus question des Congrès
ouvriers internationaux. Sur quoi la proposition
est retirée. Elle allait être repoussée par toutes
les nationalités.

Ainsi se dégage de ce convent syndical une
impression très nette. C'est que les anarchistes
de la C. G. T. représentent une forme effroya-
blement arriérée et mesquine de l'idée révolutionnaire.

La C. G. T. craint avec raison la publicité de
ses résolutions. Elle ignore la force des grandes
unions ouvrières et l'influence de leurs fac-
teurs. Elle croit exceller dans la violence.

Les autres organisations s'efforcent de s'élever,
au contraire, vers l'esprit scientifique. Pour elles,
le Secrétariat international a devant lui l'avenir
d'un institut ouvrier centralisant les statistiques,
animant les masses d'une volonté de progrès
rationnel et visant à des buts précis par des
méthodes réalistes.

À dessein je n'ai pas parlé des États-Unis, dont

le délégué Gompers a la figure d'un homme d'État. L'atmosphère de l'Amérique anglo-saxonne est trop différente de celle de l'Europe pour qu'on puisse nous donner en exemple ses institutions, ses mœurs et ses conducteurs de peuples. - La liberté y règne autre part que dans les lois et les formules politiques. Elle est la nation même. Quand Gompers dit que les syndicats américains sont tout à « la politique constructive », qu'ils la conduisent pacifiquement, que, lui, Gompers, n'hésite pas à s'entretenir avec le Président Taft dans l'intérêt du travail national ou des réformes pratiques qui restreignent la puissance capitaliste des grands trusts, il ne surprend que ceux qui se refusent à admettre l'existence d'une démocratie-peuple où les plus forts causent avec les plus faibles sur le pied de l'égalité la plus complète et où l'équilibre résulte uniquement ,de la lutte des intérêts.

Mais la tenue des délégués européens et leur ferme résolution de ne pas tomber dans le désordre anarchiste demeurent comme une haute leçon au monde ouvrier français. Il doit s'en souvenir afin de savoir comment on résiste aux entraînements des idées de violence.

A vrai dire, les ouvriers français n'étaient pas représentés à la Conférence dans leur majorité.

Les interlocuteurs que la France ouvrière aurait dû offrir aux Liegen, aux Hueber, aux Allen Gee, aux Appleton, etc., n'étaient pas là.

Dans les congrès patronaux, la France n'est pas uniquement représentée par des patrons ignorants ou fats, qui recherchent des décorations et des mandats politiques. Dans les assemblées du prolétariat il serait absurde de la voir incarnée en des ouvriers vaniteux et qui singent les terroristes.

Il y a des patrons épris de travail et de science, il y a des ouvriers qui conquièrent des réformes. Il existe une France réaliste.

XIX

LES RETRAITES OUVRIÈRES AU SÉNAT

La Chambre des députés, dans sa séance du 23 février 1906, avait adopté, après déclaration d'urgence par 501 voix contre 5, une proposition de loi sur les retraites ouvrières. Cette proposition fut transmise au Sénat le 6 mars, et la discussion générale commença à la rentrée d'octobre.

Il est permis de penser aujourd'hui que les retraites ouvrières seront l'œuvre utile et saine de la législature. Elles sortiront des délibérations du Sénat mises au point et capables d'offrir au prolétariat des résultats immédiats.

Bien que l'Assemblée du Luxembourg n'ait encore émis aucun vote, il est possible de préjuger les caractères principaux du système auquel elle se ralliera en dernière analyse.

Ce sera d'abord un système de retraites et non d'assurances. La différence est sensible et les mots suffisent presque à la marquer. L'assurance implique principalement le résultat d'un effort collectif, d'une association de fait. Elle se prête à des combinaisons variées. Des personnes s'assurent contre la maladie ou contre l'accident, ou contre l'incendie, ou contre le chômage. Chacun de ces risques est couvert à l'égard de chacun des assurés, en proportion de sa participation financière. La retraite comporte, au contraire, un service aussi uniforme que possible et ne vise qu'un risque, l'âge. L'assurance, comme la retraite, peut être édifiée en service public. Mais la retraite s'accorde surtout avec l'intervention de l'État.

L'assurance ouvrière existe en Allemagne sous une forme combinée de l'assurance invalidité et de l'assurance maladie. L'ouvrier est garanti contre la maladie. D'office, il est secouru et traité. Si la maladie dégénère en invalidité, il est pensionné. Dans ce pays où la discipline native se développe par l'éducation et le travail, l'État a créé un service d'assurances autonome qui s'administre, se gouverne et se suffit à lui-même, au point que les finances publiques n'interviennent que par une allocation individuelle et fixe sans prendre part aux aléas de l'entreprise. L'assuré peut être pensionné à tout âge, s'il est reconnu incapable de travail. Une juridiction spéciale se prononce avec la plus grande sévérité sur tous les cas douteux et tranche les litiges auxquels un service aussi complexe doit forcément donner lieu.

Chez nous, il n'est point question d'instituer la pension d'invalidité, au moins pour l'instant. Notre plan est d'établir une retraite de vieillesse.

Question de pays, de caractère, de race. Nous ne sommes point doués de cette âme obéissante, de cette « âme légale » qui est l'âme allemande. Je devrais aussi dire « âme décentralisée », car la réglementation allemande n'est possible que si elle exerce son contrôle sur un nombre limité d'ouvriers, sur ceux d'une région, puisqu'il s'agit de suivre la courbe de santé de l'homme.

Nous nous sommes donc tout de suite orientés vers la retraite conférée par l'État à tout ouvrier qui atteint un certain âge. On avait d'abord pensé à 60 ans. Mais il a fallu, par nécessité d'argent, se tenir à 65 ans.

La retraite serait obligatoire, c'est-à-dire que tout ouvrier devrait contribuer à former le capital nécessaire à sa retraite par un versement du patron et par une contribution de l'État. La commission sénatoriale propose 6 francs comme versement annuel de l'ouvrier et 9 francs comme versement annuel du patron. Les 6 francs de l'ouvrier seront capitalisés, ceux du patron ne le seront pas.

Ici deux difficultés. Pourquoi la cotisation de l'ouvrier serait-elle inférieure à celle du patron ? La commission dit : « Afin de n'imposer à l'ouvrier que la moindre charge »

Le gouvernement répond que 9 francs ne dépassent pas la limite du faix raisonnable auquel l'ouvrier peut être assujetti et que, s'il verse 9 francs, il aura une retraite supérieure.

La non-capitalisation des versements patronaux s'explique par le souci de ne pas accumuler et retirer de la circulation de trop grosses sommes de millions. Le gouvernement se déclare pour la capitalisation de tous les versements afin d'arriver au maximum des revenus et, par là, au maximum de la pension.

Et voici les effets de ce double amendement : La commission propose une retraite de 267 francs. Par la suggestion qu'il avance, le gouvernement propose la retraite de plus de 400 francs.

Ce n'est pas le seul désaccord des deux thèses.

La commission, tout en affirmant qu'elle veut décréter l'obligation de la retraite, indique un fonctionnement des retenues qui ne semble pas aboutir à une obligation étroite. Et tout est là. Il ne suffit pas d'édicter une obligation pour qu'elle soit respectée. Nous en avons fait la pénible expérience avec la loi sur l'obligation scolaire.

Les débats du Sénat régleront certainement ces différends dans le sens de l'obligation la mieux garantie et de la pension la plus large. Ils ont pris dès le début une grande élévation. Les deux rapporteurs, M. Cuvinot pour la Commission spéciale, M. Ferdinand Dreyfus pour celle des finances, ont éclairé, par les exposés les plus lumineux, un sujet qui est aussi technique et ardu dans la matière et le détail, que simple et séduisant par le titre et la façade.

M. Ribot, qui en a fait l'objet d'une étude approfondie, l'a traité selon son admirable maîtrise. Il en a profité pour surprendre ceux qui ne connaissent pas les ressources de son esprit et la coquetterie du plus magnifique talent parlementaire de ce temps. M. Ribot s'est placé en avant du premier rang de la majorité radicale.

Jamais l'occasion n'avait été pour lui plus favorable de parler à la fois à l'âme généreuse du pays républicain et selon sa raison conservatrice. Évidemment, c'est une évolution hardie, mais dont le succès a tout de suite atténué la hardiesse.

Le thème des sacrifices que les classes aisées doivent faire aux classes déshéritées a trouvé sur les lèvres de M. Ribot l'expression la plus éloquente.

Comme toujours, l'intervention de M. Lintilhac avait donné au Sénat la délectation savoureuse de la parole la plus châtiée et la plus nombreuse, M. Poirier était venu mettre au service de la commission l'expérience d'un grand industriel démocrate et honnête homme. Enfin, le ministre du Travail a soutenu brillamment l'opinion du gouvernement.

XX

LA QUERELLE DES RETRAITES

Après une longue discussion, la loi sur les retraites ouvrières et paysannes est votée au Sénat le 12 février 1910 à l'unanimité de 297 voix. La C. G. T. entre en campagne, contre le projet de retraites voté par le Sénat, contre la *capitalisation*. M. Hervé déclare dans *La Guerre sociale* que la classe ouvrière veut des retraites servies immédiatement par l'État à l'aide de l'impôt et que, pour les obtenir, il faut organiser une campagne de meetings et y joindre de vastes manifestations dans la rue. Le 31 mars, la Chambre vote le texte du Sénat par 531 voix contre 3.

Une polémique du plus haut intérêt et qui donne à penser se déploie dans le journal *l'Humanité* à propos des retraites ouvrières.

« On a plus de peine, dans les partis, à vivre avec ceux qui en sont, qu'à agir contre ceux qui y sont opposés. » Il n'est guère d'homme d'État ni de chef de groupe qui n'ait eu en France à vérifier la justesse de cette pensée. C'est dans cet extraordinaire bréviaire politique des mémoires du cardinal de Retz qu'on la trouve si excellemment exprimée. Jaurès a pu dès longtemps se l'approprier. Mais de tous les incidents qui ont traversé sa carrière socialiste, aucun ne parait l'avoir aussi profondément ému que la brusque attaque dirigée contre le projet de loi des retraites ouvrières par un certain nombre de ses camarades unifiés, et non des moindres.

C'est la C. G. T. qui a donné le branle. Dans un ordre du jour du 14 décembre, le comité confédéral protestait *surtout* contre le système de la capitalisation voté en principe par le Sénat (sur la demande du gouvernement) et *encore* contre les cotisations ouvrières obligatoires et contre l'âge beaucoup trop avancé des bénéficiaires. Selon lui, le projet de loi constitue une *escroquerie formidable.*

Bien que cette dénonciation solennelle à la classe ouvrière porte sur tous les articles essentiels du projet en discussion, elle vise apparemment de son plus violent anathème la capitalisation des fonds recueillis par les cotisations ouvrières et patronales. Pourquoi s'acharne-t-elle contre la capitalisation plutôt que contre la répartition? La répartition consiste à prélever les sommes dues aux retraités chaque année sur les fonds versés à la caisse, soit par les intéressés, soit par l'État. La caisse dans ce système aurait une sorte de budget annuel bâti selon l'image du budget de l'État et qui vivrait presque au jour le jour. La capitalisation consiste à créer un fonds social dont les revenus servent à payer les retraites. En fait, les résultats des deux systèmes ne sont pas sensiblement différents pour les retraités. Il va de soi en effet qu'on ne pourrait penser par la répartition à vider chaque année la caisse au profit des bénéficiaires, l'exposant ainsi à distribuer des retraites inégales dont la courbe serait surtout soumise aux fluctuations des recettes du budget général de l'État. Il faudrait bien, en tout cas, arriver à un statut permanent, garantie, à la fois pour les ouvriers et pour les contribuables, d'une honnête gestion.

Cette explication est nécessaire pour éclairer les intentions de la C. G. T. et de ses fidèles tenants. Ces intentions, il est facile de les pénétrer. La scandaleuse escroquerie, c'est l'accumulation d'un capital énorme — plusieurs milliards — sur lequel l'État bourgeois ne manquera pas de mettre la main. Oui, l'État volera la caisse. C'est plus fort que lui. Quand il voit une caisse assez grosse des fruits de l'épargne ouvrière, l'État ne peut s'empêcher de la dérober. Ce larcin lui est familier. Et la C. G. T. cite un exemple authentique : en 1885, l'État a supprimé la caisse des Invalides de la marine. L'État s'est conduit là en pleine paix comme un voleur. L'État ne peut être, en régime bourgeois, qu'un bandit. La classe ouvrière doit savoir que toutes les cotisations qu'on retiendra d'office sur ses salaires lui seront un jour arrachées comme au passant sa bourse par le tire-laine. Ce que les orateurs ou les écrivains de la C. G. T. ne disent pas, c'est que la caisse des Invalides a été supprimée parce qu'elle ne pouvait plus fonctionner, et que les retraites ont continué à être versées et ont été même majorées.

Mais les dirigeants de la C. G. T. n'en sont pas à une fausse vérité près. Et, du reste, leurs affirmations ont toujours chance de rencontrer quelques âmes crédules. Mais leurs antécédents n'auraient pas manqué de mettre en garde cette fraction considérable du prolétariat socialiste qui, à plusieurs reprises, a refusé son concours à leurs violences. Ce qui est plus grave, c'est que le thème de la grande escroquerie a trouvé des approbateurs parmi des socialistes qualifiés, tels que les citoyens Brake, Paul Lafargue, etc. Et c'est dans *l'Humanité* que leur campagne s'étale presque chaque jour.

Il est évident que les mêmes hommes n'auraient pas hésité à dénoncer le système de la répartition. Et ils l'auraient pu faire avec bien plus de raison. La répartition eût en effet prêté à la critique. Elle eût mis la caisse dans une certaine dépendance vis-à-vis du budget de l'État. Tandis que la capitalisation, en conférant à la caisse un fonds de propriété, un capital, lui attribue une personnalité propre et distincte.

C'est donc bien une opposition de parti que Jaurès doit affronter dans son parti et dans le journal *l'Humanité*.

Il semble qu'elle l'ait surpris comme une agression. Il ne s'y attendait pas, en tout cas, sous cette forme. Ainsi provoqué, il a fait front au combat. Pour lui, dire que la capitalisation est une escroquerie et faire de cette accusation la base de toute une campagne contre la loi des retraites, c'est l'œuvre d'un parti pris et c'est une erreur. Et il ajoute : « Si ce sont des socialistes qui mènent cette campagne, j'ai le droit de m'étonner et j'avoue que je m'en indigne. » D'autre part, il y a longtemps que les députés socialistes ont acquiescé à la capitalisation. C'est donc à tous que l'injure s'adresse. « Que restera-t-il de l'honneur du parti et de son crédit, quand les lois qui portent les signatures de ses représentants, toutes leurs signatures, auront été dénoncées au pays comme entachées d'escroquerie? Il n'est donc que temps d'avertir nos camarades de l'abîme où on les conduit. » Et en effet, dans une série d'articles lumineux et où toute la belle intelligence de l'homme prodigue les raisons, Jaurès répond triomphalement à ses adversaires.

Mais cette polémique déborde complètement la question des retraites. Elle met de nouveau au jour l'antinomie de caractère, d'idées, de procédés de discussion, de tactiques et de volontés qui sépare les deux camps. D'une part, c'est l'insurgé qui rejette toute réforme utile et tout accommodement légal avec la loi bourgeoise. C'est l'abîme social creusé sans cesse et recreusé au fur et à mesure qu'il tend à se combler. D'autre part, c'est le républicain qui s'applique à améliorer la société française et à la rendre conciliable avec les aspirations les plus hautes du prolétariat. Les uns refusent d'entrer dans la cité qui ouvre ses portes à tous. Les autres s'y avancent résolument avec l'idée de la rendre plus humaine.

Ainsi se rouvre de manière éclatante la querelle ancienne des révolutionnaires et des réformistes.

Révolutionnaire ou réformiste : le socialisme sera toujours sollicité par ces deux termes. Il le sera dans son ensemble, dans sa tactique. Il le sera aussi et surtout dans les personnalités de ses dirigeants. Suivant sa nature d'esprit, suivant son tempérament, le socialiste est un destructeur ou un constructeur. Destructeur, il s'attache à la formule dogmatique de la lutte à outrance contre la classe bourgeoise, il se garde dans l'attitude altière et religieuse d'un prophète combattant, refusant son attention et même sa critique aux concessions forcément limitées des possédants aux non-possédants. Pour lui, il ne peut tomber de la table bourgeoise que des miettes de charité, indignes du prolétariat organisé. Le Parlement n'est qu'un laboratoire du capitalisme d'où rien de bon ni de légitime ne peut sortir pour l'ouvrier. Le Parlement ne doit être considéré que comme une forteresse dont la conquête totale est le but de son effort. La tribune n'est que le plus haut tremplin d'où la parole de volonté insurrection- nelle doit défier sans cesse les puissances poli- tiques adverses.

Le constructeur, au contraire, voit dans le mandat législatif un instrument de contrôle militant et d'action utilitaire. Sa critique du gouvernement bourgeois ne se borne pas à la négation; elle contient une moelle de positi- visme créateur. Il se laisse tenter par le défi qu'à son tour la société bourgeoise lance au socia- lisme de proposer ses solutions pratiques. Il cède au conseil de l'orgueil intellectuel qui éloigne l'individu équilibré du nihilisme. Il éprouve quelque gêne et même quelque honte de la stagnante et prétentieuse prêcherie de l'apôtre. Il reconnaît dans un milieu de travail et de bonne volonté la valeur du moindre pro- grès. Il subit la séduction de la parole élégante quand elle se met au service de l'idée. De là à collaborer au gouvernement bourgeois, il n'y a qu'un pas. Le réformiste est gouvernemental à un degré supérieur. L'esprit de réalisation est en lui. En face des transactions salutaires qui sont proposées à son esprit, il éprouve une sensation qui est comme un appétit cérébral. Il peut exceller à concevoir les transformations économiques de la société moderne.

Ainsi le socialisme n'échappera jamais à la compétition de ces deux tendances. Bien mieux, il les subira alternativement, d'abord dans les mêmes hommes qui le dirigent ou l'inspirent, puis dans la masse, suivant les milieux où il évoluera, suivant les événements qui le toucheront et réagiront sur lui. Nous disons : dans les mêmes hommes qui le dirigent... Combien d'exemples s'offrent à nous qui autorisent cette appréciation, sans qu'elle renferme rien d'injurieux, ni pour le socialisme, ni pour aucun socialiste ! Tel qui fut un révolté, tant que la vie le soumettait à l'influence exclusive du pessimisme doctrinaire, est devenu, sans trahir sa foi, un manieur d'hommes et mieux qu'un réformiste... un réformateur.

Et tel autre qui est un fanatique, une sorte de diacre de Marx, qui, au congrès international, reçoit la parole de Bebel comme un extatique et jouit infiniment de la lourde ironie de l'Allemand, quand il écrase les réformistes français avec les souvenirs de la victoire bismarckienne, deviendra très probablement un très solide moissonneur, si jamais le sort lui permet de lier sa gerbe.

Et nous disons que le parti socialiste subit inconsciemment des directions différentes sui vant les milieux et suivant les événements qui le traversent. Rien ne le prouve mieux que l'antagonisme modéré, mais certain, qui s'est manifesté de tout temps entre le socialisme allemand et le socialisme français. Et ce n'est pas un antagonisme de doctrine, mais de fait ; qui voudrait même y reconnaître une suite logique de tactique, une coordination d'idées, se fourvoierait complètement. Exemple : en 1904, eut lieu le Congrès d'Amsterdam. On se souvient du conflit aigu qui mit alors aux prises les deux fractions du socialisme français, représentées, la fraction purement révolutionnaire par Guesde, la fraction réformiste par Jaurès.

Celui-ci avait pour lui la majorité des groupes français. Il venait de donner au gouvernement de M. Combes une collaboration si abondante et si efficace qu'en réalité, il avait été le chef de la majorité et l'inspirateur même de la politique ministérielle. Sa nature prodigue d'action et de paroles ne peut se réserver : elle se prête moins que toute autre au difficile équilibre que le socialisme parlementaire impose aux députés du parti. Guesde, débordé par le réformisme, porta son appel devant l'Internationale et, dans un discours où l'homme et l'idée se trouvent admirablement concentrés et intimement mêlés, adjura les « camarades allemands » de lui apporter le secours de la pure orthodoxie.

Jaurès revendiquait pour chaque pays une entière liberté de tactique. Guesde lui répliquait : « Vos conclusions, c'est que l'Internationale n'a plus de raison d'être, les pays étant tellement différents. Pourquoi alors nous réunir ici ? Votre méthode, c'est le *nationalisme* sous une forme plus dangereuse que l'autre. »

La vieille garde, Bebel, alors s'ébranla. Il n'eut pas assez de mépris pour notre pauvre République née d'un sourire de Bismarck, et qui se trouve devancée dans la voie des réformes fiscales et sociales par l'empire allemand. Il s'ensuivit le vote de la motion de Dresde, affirmation intransigeante de la lutte de classes et de l'antimilitarisme. Il s'ensuivit en outre la constitution du parti socialiste unifié... Mais ceci ne signifiait pas que le socialisme présentât dorénavant une physionomie unique et permanente. En apparence, c'était la fin de tout schisme réformiste, c'était le révolutionnarisme à outrance livrant bataille, à travers toutes les frontières, contre le seul ennemi : le pouvoir bourgeois. En fait, ce n'était qu'un accord opportun contre un certain ordre de transactions. La logique conduisait quelques révolutionnaires français à aller à l'extrême limite de la doctrine ; de là naquit l'hervéisme. Dans l'esprit d'Hervé, la motion de Dresde rejetait toute demi-mesure, toute concession à l'ordre bourgeois. Or quelques années après, au Congrès de Stuttgart, Hervé lui-même se heurtait au même Bebel qui, sans ambages,

condamnait l'antipatriotisme et restaurait la fidélité au drapeau.

De même, les députés socialistes au Reichstag
n'avaient pas cessé, du temps du chancelier de
fer, de protester contre ces lois ouvrières où ils
ne voyaient que duperies amères. Or, on a vu
Bebel à Amsterdam s'enorgueillir de ces mêmes
lois comme d'une marque de supériorité de l'Empire sur la République. Bien mieux, l'un des députés de la social-démocratie au Reichstag,
M. Molkenbuhr, constatait récemment avec satisfaction l'influence prise par le parti dans l'administration des caisses régionales d'invalidité
et y trouvait un gage de l'esprit de méthode et
d'organisation de la classe ouvrière tout entière.

Nous avons donc raison de juger le socialisme
orthodoxe comme une chose qui n'échappe en
rien à la loi philosophique de l'influence du milieu et du moment. Et comment cela pourrait-il
être autrement? Cette loi est une loi universelle,
une loi humaine. Nous sommes ici dans l'humain,
et, comme dirait Nietzsche, dans le « plus qu'humain ».

Jaurès avait mille fois raison quand, à Amsterdam, encore sous l'impression de l'implacable
réquisitoire que Bebel venait de prononcer contre
lui, il en appelait du socialisme allemand de
1904, à la démocratie socialiste allemande de
l'avenir.

Dans une lettre à *l'Humanité*, il écrivait : « La démocratie socialiste allemande elle-même, qui est condamnée, malgré ses trois millions de suffrages, à une sorte d'immobilité politique et qui couvre volontiers de déclarations intransigeantes l'inaction où l'a réduite la constitution de l'Empire, sera bien obligée enfin d'agir, de lutter efficacement pour les libertés politiques et les réformes sociales ; et elle cessera de peser du poids de ses formules sur le socialisme international. »

C'était parler en psychologue, et la psychologie ne peut nuire à un politique, même socialiste. La contrainte des lois et d'un système national, où la discipline prend sa force dans l'âme de la masse, éloignait forcément le parti allemand de l'action utilitaire, de la conquête progressive. Il n'avait qu'à répéter sans se lasser et d'un rythme uniforme l'assaut de sa vague grandissante.

Mais vienne le moment où la lutte parlementaire et les circonstances politiques lui offriront une fissure où il pourra insinuer son labeur, il ne résistera pas à la séduction de l'utilité. Il n'est pas donné à tous les hommes de s'accoutumer à vivre dans la tour d'ivoire. Il en est de ce gîte comme du grenier de la vingtième année, il suffit au bonheur quand on n'a pas d'autre domicile. Mais l'esprit agissant est tout heureux de s'en évader et de gagner la campagne.

Bon pour les papes d'imposer à leur clergé les négations temporelles les plus douloureuses, de vouloir ignorer les jours, les peuples. Pie X subit la double geôle volontaire du Vatican et du dogme. Jules Guesde a fait d'une santé fragile une cuirasse contre le goût de l'utilité, contre la tentation de l'action réformatrice. Mais il est bon de noter que, pour s'établir sur le Nirvâna de la pure croyance, il a dû aussi se cuirasser contre la pitié fraternelle. Quand il laisse tomber cette parole d'évangile : « Le paradis terrestre de la société collectiviste ou communiste remplacera le paradis des religions » et qu'il refuse, pour cette raison, à Jaurès le droit de collaborer à un adoucissement de la condition prolétarienne, il est l'ange implacable, le prophète aux mains vides de pardon. Mais c'est là un rôle qui est interdit à un homme robuste, sain de tant de vaillance jaillissante comme Jaurès. Défendre à une force pareille de servir utilement, c'est exiger l'impossible. C'est condamner un tel homme à un supplice pire que celui de Tantale. Le placer devant une tribune française où les idées affluent en troupe brillante, en théorie spirituelle, élégante et musclée, et lui dire : « Tu n'y toucheras pas », c'est le soumettre à la tentation de la plus grande volupté intellectuelle, à une tentation tout intellectuelle de saint Antoine. Et comme Jaurès n'est pas un saint, c'est lui imposer l'indiscipline.

Le désaccord des deux tendances socialistes devait donc nécessairement se renouveler. Il n'avait disparu un instant que pour les yeux non prévenus. Il était demeuré latent, prêt à éclater de nouveau. Il tient à la dissemblance du fonds allemand et du fonds français. Le Germain révolutionnaire est un pessimiste. Refoulé selon la manière rude de la race, il se réfugie dans l'âpre négation ; pour se conserver en état d'opposition, il demande sa force à la philosophie de Schopenhauer et à un luthérianisme social, qui, tout en proclamant la foi, ne perd jamais le respect de l'autorité et des lois. Combien le Latin est différent ! J'ai parlé de Jaurès qui, lui, est un Latin au superlatif, un superlatin, le plus extraordinaire cerveau, l'une des plus vastes intelligences rhétoriciennes qui aient jamais paru sur une scène politique. Mais il n'est guère de socialiste en France qui échappe à l'optimisme, qui ne se laisse émouvoir par une foi ardente dans l'action et la propagande. Les violents, loin de se tenir sur les sommets, comme les Allemands, croient aux petits moyens, à l'action directe, c'est-à-dire à l'action individuelle. La C. G. T. elle-même est surtout l'œuvre de personnalités orgueilleuses, tentées par un rôle scénique et, par cela même, hostiles à la concurrence parlementaire. Elle ne ressemble en rien à la social-démocratie. On l'a bien vu dans les congrès du syndicalisme. Comme dans ceux du socialisme, les deux nations allemande et latine s'y sont trouvées en contradiction absolue, parce qu'elles ne s'y sont comprises en nul point.

C'est donc pour cette unité éphémère, pour la fiction de l'unité socialiste que, durant cinq années, ces hommes auront vraiment abdiqué leur caractère national et leur valeur, qu'ils auront retranché quelque chose de viril à leur personnalité pour se soumettre à l'autorité du concept allemand. Les contradictoires inéluctables reparaissent. Le fatal conflit resurgit, et cette fois, comme le dit courageusement Jaurès, l'honneur l'exige.

LE MINISTÈRE BRIAND

I

LE PROGRAMME DU MINISTÈRE

Le 20 juillet 1909, au cours de la discussion des conclusions de la commission d'enquête sur la Marine, le ministère Clemenceau, à la suite d'une intervention de M. Delcassé, est renversé par 212 voix contre 176. M. Fallières, après avoir demandé son concours à M. Léon Bourgeois, alors en Allemagne, s'adressa à M. Briand. Le 24 juillet, le ministère était constitué, et, le 27, il se présentait devant les Chambres avec un programme de détente et de conciliation républicaine.

Il pourrait advenir qu'un jour la formation du ministère Briand prit la figure d'un événement capital. Il dépend de M. Briand, et de M. Briand tout seul, qu'il en soit ainsi.

L'originalité de son gouvernement est faite à la fois des circonstances d'où il est issu et de sa personnalité propre. Et c'est précisément cette rencontre de circonstances exceptionnelles et d'un homme à forte personnalité qui donne l'impression d'une chose rare, d'un événement capable d'un développement logique, et d'une volonté qui se connaît, se dirige et s'accorde sans cesse avec le milieu et les faits.

Les circonstances exceptionnelles — elles se sont offertes à la vue des gens les moins perspicaces au cours de ces deux années ; mais rien ne pouvait les mieux faire ressortir, ni les graver d'un trait plus ferme que le puissant réactif de la crise ministérielle elle-même.

Ces quelques heures de crise ont fait surgir brusquement sous nos yeux le tableau synthétique et précis de notre vie parlementaire, comme le bain corrosif révèle l'œuvre lente tracée par l'artiste sur la planche de cuivre. Le ministère Clemenceau est renversé en la personne de son chef, que le vote atteint directement. Mais ce vote ne désigne personne. La majorité qui l'exprime n'est pas la majorité de la majorité. Et il ne peut en être autrement. Le grand souci de la majorité, dès qu'elle put se compter au lendemain des élections de 1905, ne fut-il pas d'éviter toute crise ministérielle ?

Elle trouve le ministère Sarrien au pouvoir. Elle reçoit de ses mains le ministère Clemenceau. Elle le garde. Elle considère M. Clemenceau comme chef incontesté, mais il ne serait jamais parvenu au pouvoir s'il avait attendu d'y être appelé par un vœu de la Chambre.

L'y voici, elle le garde. Elle le garde même malgré qu'elle ait le fréquent désir de le renverser. Elle le garde en conscience, quoi qu'il fasse, malgré l'inquiétude que sa manière cause au pays. « Ils nous aiment contre vous », a dit un jour M. Clemenceau à M. Jaurès. Il aurait pu dire: « Ils nous aiment contre n'importe qui, contre tout le monde. »

L'abus du vote par procuration qui remet à un petit nombre une puissance excessive, presque souveraine, aboutit à la sotte contrainte des listes de présence et du vote personnel. Le quart de la majorité est absent. Le traînant débat de l'enquête sur la Marine s'achève en un combat singulier qui met aux prises le Président du Conseil et M. Delcassé. De ce singulier combat M. Clemenceau sort vaincu. Le gagnant n'en sort pas victorieux. Le hasard des congés laisse la minorité maîtresse de la partie.

Qui refera le ministère? M. Clemenceau le dit : c'est son gouvernement sans lui. Il désigne lui-même son successeur. C'est M. Briand. Est-ce donc que M. Briand est qualifié pour continuer sa politique? Ou est-ce que M. Briand est le mieux qualifié pour éloigner du pouvoir ceux qui, sous le manteau, aspirent à le remplacer?

Ce n'est point faire tort à l'ancien Président du Conseil que d'attribuer son choix autant au second mobile qu'au premier.

M. Briand est désigné. Il est le garde des Sceaux du précédent ministère. Son intention avouée est de conserver ses collègues. Il les conserve presque tous. Est-ce donc le ministère Clemenceau? Non point. Si la manière de gouverner qualifie vraiment un gouvernement, le ministère Briand s'annonce comme à peu près l'inverse du ministère Clemenceau.

Mais la seule désignation de M. Briand serait un contresens parlementaire si les usages parlementaires étaient rigoureusement observés. Le parti radical occupe les huit-dixièmes des bancs au Palais-Bourbon et plus de la moitié des bancs au Luxembourg.

Il est le maître. Pourquoi n'a-t-il pas le pouvoir? M. Clemenceau, qui fut pendant deux ans et demi son chef, désigne un socialiste pour lui succéder. M. Léon Bourgeois serait naturellement plus qualifié. Mais tout le monde sait que l'ancien Président du Conseil, obligé de ménager ses forces, en fait le plus noble emploi au service de la paix et des œuvres d'hygiène et d'éducation sociale.

Est-ce à dire que personne, parmi les radicaux, en dehors de M. Clemenceau et de M. Léon Bourgeois, ne serait capable de gouverner? Gardons-nous de cette modestie et de cette plainte! Il y a, certes, parmi nous plus d'un homme dont le talent ne serait pas au-dessous des lourdes responsabilités du pouvoir. Il serait invraisemblable qu'un parti aussi nombreux fût à ce point frappé d'impuissance qu'il fût incapable, à lui seul, d'assurer la fonction de gouverner.

Il a donc ressenti du choix de M. Briand une certaine vexation qui serait fort légitime s'il ne l'avait lui-même inconsciemment préparé.

Et c'est là que sa responsabilité s'accuse, que ses fautes se totalisent.

Je ne veux pas compter dans cette récapitulation de ses erreurs le fait d'avoir laissé prendre de bonne heure à M. Briand une place considérable dans le travail de réforme que les radicaux avaient assumé.

L'auteur de la loi de Séparation a bénéficié, dès ses débuts au Parlement, d'une estime et d'une popularité telles dans les rangs des radicaux qu'il faut y voir le témoignage éclatant de notre désintéressement et de notre équité. Mais parmi ceux d'entre nous qui donnaient à la lutte contre le cléricalisme le pas sur tous les articles du programme radical, comment ne s'en est-il pas trouvé pour concevoir cette grande œuvre de la Séparation, de ce regard pénétrant et philosophique et selon cette résolution ferme qui en ont inspiré le plan et qui ont permis de la mener à bonne fin ?

Pourquoi ? Est-ce défaut de sincérité ? Est-ce faiblesse de volonté ? Non point. C'est que l'esprit radical a été façonné selon une pensée doctrinaire et que sa doctrine, après avoir triomphé, a gardé son caractère batailleur. Or, un parti qui triomphe ne saurait conserver son humeur d'opposition et de conquête. Du jour qu'il prend la responsabilité des réalisations, il a besoin de s'apaiser et de s'ennoblir à la source de la pensée qui l'a créé. La liberté de conscience est une pensée philosophique qui, par sa sublimité, s'impose à tous, même à ses pires adversaires, puisqu'ils ne peuvent faire autrement que de la revendiquer dès qu'ils cessent d'avoir pour eux la force violente et oppressive. Mais la lutte qu'il a fallu, au cours des siècles, soutenir pour elle a été si âpre et si implacable que ses meilleurs champions ont été entraînés à la méconnaître en quelque chose quand ils ont été victorieux. Tel fut le sort du parti radical.

Quand le Protée clérical fut vaincu et vraiment écrasé, le temps était venu de lui imposer le statut de la liberté. Mais il fallait, avant de le dresser, se tremper l'âme à la source même du principe. Il fallait déposer les armes de la victoire et se contenter des trophées pour rappeler à tous les sacrifices qu'elle avait coûtés.

Ceci fait, la Séparation était accomplie en faveur de toutes les religions comme au profit de l'irréligion.

Le parti radical était capable de cet effort vers les sommets.

Il ne l'a cependant pu accomplir qu'en acceptant pour guide un homme nouveau qui n'avait pas pris place dans ses rangs.

Telle fut l'origine du prestige de M. Briand. Ce premier succès était déjà un avantage considérable, je ne dis pas pour son parti, le parti socialiste, dont il se réclamait, mais pour sa personne même.

Je me refuse à accrocher ses lauriers aux bannières de son parti. Pour deux raisons.

Son parti n'avait pas attribué aux batailles anticléricales toute la vertu d'énergie et de foi libératrices qu'elles méritaient. Il les avait regardées d'un œil un peu narquois. Les républicains qui avaient à les soutenir sur quelques brèches périlleuses ne trouvaient pas en lui une aide toujours efficace. Et on a vu, par la suite, des alliances suspectes qui s'expliquent mieux quand on se souvient de la neutralité des uns et de la complaisance des autres, à l'origine. D'autre part, quand, sous la pression des événements, le parti socialiste mit au service de la République la masse de ses troupes, il laissa déborder sur elle ses éléments de fanatisme. Et sa surenchère devint pour le parti radical une cause d'affaiblissement.

Cependant, la loi de Séparation porte en elle le sceau d'une pensée noble et libre.

C'est elle qui a ouvert à M. Briand les portes du gouvernement. C'est parce qu'il n'a cessé de la défendre, de la fortifier, qu'il a sauvegardé son caractère politique à travers le décousu et, puisqu'il faut dire le mot selon l'*Officiel*, l'incohérence d'un gouvernement trop spirituel.

Ainsi, M. Briand avait conquis un premier

avantage sur la majorité. Il l'avait amenée à accomplir la réforme inscrite en tête de son programme, mais de telle manière que ce ne fut plus l'acte d'un parti, que ce fut la réalisation de la pensée qui a dominé nos révolutions et nos luttes et qui, à vrai dire, est purement humaine.

Cet avantage, en quelques heures, il l'a décuplé dès que le Président de la République lui eut confié la mission de former un cabinet.

Ce sont les groupes radicaux qui lui en ont fourni le moyen.

M. Briand désigné, les groupes s'émurent, délibérèrent, décidèrent de lui dépêcher une délégation. Ce fut une faute. La Chambre a pour fonction de contrôler le gouvernement. Elle le contrôle non seulement dans ses actes, mais dans ses intentions. Et d'un gouvernement qui va se présenter à elle, elle ne peut contrôler que les intentions. Elle doit donc réserver tout son droit pour le moment où il va comparaître devant elle et se déclarer. La délégation devait fatalement se heurter à un ferme dessein. Elle ne se pouvait justifier que si elle-même s'inspirait d'une volonté plus ferme encore, celle de faire obstacle à la formation du cabinet. Elle devait alors tenir le langage suivant : « La majorité, au nom de qui nous parlons, a pour votre personne la plus grande estime, mais elle ne se soumet pas à l'idée qu'aucun de ses chefs n'est prêt à la représenter à la tête du gouvernement. Selon le jeu normal du régime parlementaire, elle entend conserver la direction des affaires tant qu'un vote de la Chambre ne la lui aura pas clairement refusée. Nous venons loyalement vous prévenir que nos sentiments pour votre personne céderont le pas à la dignité de notre parti. Nous venons donc vous prier de renoncer spontanément à une tâche vaine, et de nous épargner une bataille dont seuls nos adversaires communs pourraient tirer profit. »

Mais tels ne furent ni le sens ni le ton de la démarche tentée par les groupes radicaux. Leurs représentations furent timides et molles. Elles servirent au delà de tout espoir la fortune de M. Briand. Son aptitude à la réplique s'y découvrit mieux qu'en aucun de ses discours.

« Messieurs, dit-il ou à peu près, je ne suis inscrit à aucun groupe. Je ne veux être ni socialiste, ni radical, mais simplement républicain. Je gouvernerai avec tous les républicains et dans l'intérêt supérieur du pays. »

Ces simples mots suffisaient à mettre fin à l'incident. Et publiés par toute la presse, ils faisaient au programme ministériel une préface dont on aurait pu dire qu'elle valait à elle seule tout l'ouvrage. Elle produisit un grand effet dans le pays. Elle lui promettait une direction au-dessus des misères des partis. Chaque fois qu'on lui a parlé ainsi, il a compris et il s'est donné.

La déclaration ministérielle ne devait plus être qu'une amplification de ce court programme.

Mais ce n'est pas dans le papier qualifié déclaration qu'il faut chercher la pensée personnelle et fondamentale du nouveau cabinet. C'est dans le discours de M. Briand en réponse aux interpellations de gauche. Ici tout est clair dans les nuances et probe sous la forme la plus habile. Il s'y trouve même des éclats de franchise pour frapper là où les habitudes mauvaises du Parlement mettent en péril l'intérêt de l'État. Le pillage des finances, la confusion des pouvoirs y sont formellement visés.

Mais le pivot de ce programme est dans ce passage : — Les intérêts de la République seront défendus « dans une pensée de détente nécessaire, dans un esprit d'apaisement, de conciliation ».

L'œuvre de réforme elle-même ne peut être poursuivie d'un ferme propos qu'avec le concours du pays tout entier apaisé et à qui il faut donner « tous les moyens de travailler, de prospérer, de s'enrichir... C'est seulement dans un pays apaisé et calme que les réformes sociales sont possibles. »

L'homme qui a eu le simple courage de rappeler cette vérité élémentaire aux partis nourris de thèses et d'antithèses, et accoutumés à de perpétuelles manœuvres de guerre, se maintient au-dessus d'eux, les domine et les mène. Pour-

quoi le parti radical n'a-t-il pas eu cette conception du pouvoir dès que lui incomba le devoir
de gouverner? Pourquoi a-t-il laissé à M. Briand
le soin d'exprimer la pensée que lui seul avait le
mandat de dire?

Pourquoi a-t-il laissé troubler sa vue par des
poussières de combat, quand il n'avait qu'à
étaler en pleine clarté et en toute quiétude
une œuvre juste et forte sur toute la vie nationale?

Telle est donc celle que nous promet M. Briand.
Les choix qu'il a faits de ses collaborateurs ne
sont point pour attirer la critique. Les ministres
des cabinets antérieurs qui se trouvent impliqués dans un changement si profond de leur
politique n'ont pu y consentir sans délibé-
ration. Les nouveaux collaborateurs de M. Briand
semblent plus qualifiés pour l'appuyer dans ce
qu'il offre d'original. Les uns sont plus près de
son intimité, les autres mieux adaptés à sa pensée politique. L'ensemble a un aspect d'équilibre
stable. Sa durée dépend de la haute tenue intellectuelle du chef et de la vocation de tous à
servir sa pensée.

Il n'y a aux couleurs très favorables sous lesquelles s'offre l'avenir du ministère Briand qu'une
ombre un peu épaisse. J'entends par là la situation budgétaire. Mais, dans une interview récente,
M. Cochery, ministre des Finances, l'a envisagée
d'un regard si confiant qu'il semble avoir déjà

découvert les moyens nouveaux par lesquels il
se propose de parer au déficit et qu'il va bientôt
proposer à la commission du budget. Il est juste
de lui ouvrir un large crédit. Sa parfaite connaissance des choses financières et du ministère
qu'il a déjà dirigé, son autorité et son bel optimisme nous le commandent. Il n'est pas de
ceux qui pratiquent la politique des dissimula-
tions, et pensent que tromper le pays est le plus
sûr moyen de garder sa confiance.

LE DISCOURS DE PÉRIGUEUX

Le 10 octobre 1909, M. Briand, Président du Conseil, prononce à Périgueux un discours-programme dans lequel il expose la nécessité d'une politique d'apaisement et de détente. Le parti radical-socialiste tient son congrès à Nantes : la reconstitution du bloc des gauches, la tactique électorale et la lutte anticléricale y font l'objet de longues discussions.

On attendait le discours de Périgueux avec une grande curiosité. M. Briand avait constitué son ministère la veille de la séparation des Chambres. Il n'avait vécu avec le Parlement que juste le temps nécessaire à la définition de la politique qu'il compte suivre. Il a jusqu'ici conduit un gouvernement de vacances. Le discours où il devait mettre sa pensée plus réfléchie, sa volonté mieux arrêtée, et par lequel il devait préluder à sa véritable collaboration avec le Parlement, offrirait-il des nuances ou des précisions? Refléterait-il des intentions de tactique et d'habileté ou projetterait-il plus de clarté?

M. Briand a parlé pour le pays bien plus que pour ses représentants. Il a pris son rôle dans le sens le plus large, le plus direct et le plus généreux. Il est donc resté tel que la crise ministérielle l'avait surpris, détaché des complications parlementaires et des division des groupes.

Il veut être non l'homme de quelques-uns et d'une formule, mais celui de tous et de l'intérêt national. Au milieu d'une Europe aux aguets, inquiète, tourmentée d'œuvres intérieures et partagée en deux camps formidables, il conçoit la vie française plus unie, apaisée, cohésive et capable d'affronter sa tâche collective.

Cette vue est d'un chef. Elle devrait nous paraître naturelle et elle nous étonne, je veux dire qu'elle provoque l'étonnement de quelques-uns. On voudrait qu'elle reçût l'approbation de tous les républicains, puisqu'elle a pour premier effet de consolider les résultats de trente années de travail, et de solenniser dans la paix civile le triomphe de l'esprit démocratique. Elle devrait surtout réunir les suffrages de la majorité actuelle. Celle-ci ne peut plus être une majorité de combat.

Par le nombre, elle représente une souveraineté assise et chargée, comme telle, des devoirs et des destinées de la nation elle-même.

En outre, le nombre lui interdit cette formation de forte discipline qui est le propre d'un parti contesté. De quoi donc alors peut-elle vivre, sinon de l'idée nationale? Par quoi peut-elle retenir à elle la confiance du pays, sinon par la défense et l'avancement de l'intérêt national?

M. Briand a donc tenu le langage qui seul convient au chef d'une telle majorité. Ce n'était pas fait, sans doute, pour plaire à quelques radicaux. Le désaccord qui, dès la formation du ministère, s'est produit entre M. Briand et eux, n'a fait que se préciser. Alors comme aujourd'hui M. Briand se montra très dégagé de la végétation de mousses et de lichens qui absorbe la sève des groupes parlementaires.

Les mêmes qui affectent de chercher dans son discours des complaisances réactionnaires, l'auraient sacré grand homme s'il avait consenti à composer le ministère comme fit un jour l'un de ses prédécesseurs, d'un président de ceci, d'un vice-président de cela et des délégués d'ailleurs. Lui ne voulut rien comprendre à cette manière bizarre de faire un gouvernement comme l'on compose un sac de bonbons fourrés en cueillant dans des bocaux divers. On comprend que cette confiserie politique et à surprises ne dise rien qui vaille à M. Briand — attendu que le radical-socialiste fourré de crème modérée se distingue difficilement du radical-modéré gonflé de liqueur socialiste.

Enfin, une grande partie de la clientèle radicale trouve un profit incontestable à cette minuscule bataille des comités, qui couvre du manteau politique les nominations ou les avancements de fonctionnaires et cette besogne culinaire qui satisfait l'appétit de quelques-uns aux dépens de l'intérêt public.

Ainsi, à l'occasion du discours de Périgueux, se dessine une opposition tendancieuse et sournoise, qui, si l'on y regarde de près, laisse apercevoir des mobiles fort mesquins et, à cause de cela, ne saurait être vraiment dangereuse. Le personnel politique finit par contracter un pli de profession. Par une humaine faiblesse, il se prend pour l'incarnation unique de la République. Sans vouloir le diminuer, ni contester l'utilité de sa conservation, il est permis de penser qu'il ne porte pas toujours un jugement désintéressé sur les intérêts politiques du pays. Celui-ci ne sent nul besoin de s'enfiévrer. Il ne craint pas de se voir arracher les précieuses conquêtes de la liberté et des institutions laïques. Il ne doute pas de la sécurité et du progrès de la République, car c'est lui qui la garde et qui, selon un mot heureux, la réalise. Quand le Président du Conseil l'invite à se donner au travail et à réserver son énergie pour les épreuves de la lutte universelle, le pays l'entend. Il sait qu'il ne s'agit pas d'abdiquer toute fierté intellectuelle, le goût de l'idéal, la recherche de la plus haute justice humaine, la culture de l'esprit scientifique. Bien au contraire, cette saine et constante ascension d'une société nationale ne s'accomplit d'un mouvement régulier que dans la paix civile et sous la protection de lois équitables.

Le discours de Périgueux a donc servi les desseins du gouvernement. Il prépare plus sûrement les réformes que les outrancières forfanteries d'une politique guerrière. Il invite les classes à s'imposer des transactions en harmonie avec leurs intérêts solidaires. C'est la méthode que nous avons toujours préconisée ici.

Combien il est regrettable que le parti radical ne l'ait pas adoptée! Pourquoi n'a-t-il pas compris que son triomphal succès aux élections de 1906 lui imposait une attitude nouvelle? Quelle supériorité il a déclinée en conservant ses étroites formules, ses rites de chapelle, ses horizons de parti!

Le congrès qu'il vient de tenir à Nantes a dévoilé en lui des causes de faiblesse. Il est tiraillé entre des personnalités, docile à des préoccupations étrangères aux directions générales de la politique. Il reste mal assuré de son avenir. Il ne veut pas que, même dans les circonscriptions dont les électeurs lui sont résolument attachés, ils aient le droit de choisir entre deux candidats. Il impose à tous la candidature unique.

Il a créé autour de la réforme électorale une atmosphère si hostile que c'est à peine si quelques-uns de ses partisans ont eu le courage d'affirmer leur opinion.

Mauvaise tactique pour un parti qui se flatte de confondre sa cause avec celle du progrès, que de refouler ainsi les idées et de manier à son tour l'éteignoir.

III

LES PETITES MARES D'EAU STAGNANTE

Dans son discours de Périgueux, M. Briand avait fait d'importantes déclarations sur la question religieuse, la question scolaire, la question sociale et la question électorale : ces déclarations eurent un grand retentissement dans la presse et dans l'opinion.

Le discours de Périgueux a un grand retentissement dans le pays. Il tranche en couleurs vives sur les grisailles des manifestations oratoires que, depuis quelques années, les chefs du gouvernement se croyaient obligés de produire aux environs des rentrées parlementaires.

Celui-ci est d'un bel accent. Il est nourri d'une philosophie politique ample, généreuse et probe. Il est net. Il est de franche venue. Les électeurs y trouveront l'expression à la fois d'une pensée toute française et d'un sentiment républicain dégagé des rancunes et des mesquines taquineries dont on les a trop souvent convaincus qu'elles sont toute la politique.

« Dans toutes ces petites mares d'eau stagnante autour desquelles s'épuise l'énergie des meilleurs d'entre nous, il faut faire passer un grand courant qui entraîne tout cela, qui fasse disparaître les mauvais germes et dissipe aussi les mauvaises odeurs. »

Cette métaphore contient tout un programme, un programme politique sans doute. Mais ne vous y trompez pas aussi, vous qui avez pris la politique en horreur à cause des mauvais germes et des mauvaises odeurs qui ont développé sur ce pays une pestilence de haine, vous qui adonnez vos énergies à développer vos affaires ou à étendre l'esprit corporatif. Ouvriers et bourgeois qui concevez la politique non comme le plus misérable moyen de tyranniser vos concurrents ou vos voisins, mais comme le ressort même du gouvernement démocratique, la métaphore de la petite mare d'eau stagnante s'adresse aussi à vous.

Sans doute, la politique des délégués, des comités et sous-comités, la politique qui attribue à de fort minces personnalités locales une parcelle de la puissance publique a fait beaucoup de mal au pays et à la République. Elle a entretenu dans les départements des foyers de délation et une surveillance policière qui rappelait les jours où la puissance contestée du Premier Consul recourait au génie astucieux du congréganiste jacobin Fouché pour épier à la fois les réveils de l'esprit de la Révolution et les conspirations royalistes.

Le Président du Conseil a pensé, sans nul doute, à ces petites mares-là quand il a proposé au pays républicain d'y faire passer un courant d'eau vive.

Mais son expérience des organisations et des collectivités qui se donnent pour tâche de défendre les intérêts nationaux ou corporatifs est assez complète pour qu'il soit permis de lui attribuer l'intention de les avoir visées aussi dans leur ensemble.

Petites mares d'eau stagnante : les Syndicats où les ambitions déguisées se heurtent avec violence, où les mauvais instincts de l'homme sécrètent l'envie ; les Chambres de Commerce qui se perdent en cérémonies ou s'embéguinent en académies, et ne se donnent pas pour essentiel de stimuler l'activité du commerce ; les Ligues de propriétaires qui se hérissent de menaces à l'idée qu'on va toucher à leurs sacs d'écus, et ne connaissent la solidarité que dans la défense, au lieu de la pratiquer surtout dans le progrès.

Petites mares d'eau stagnante : les consciences étriquées de la bourgeoisie peureuse qui, au lieu de se lancer hardiment sur le vaste courant de la vie contemporaine, la regardent de la berge, et n'y remarquent que les remous dangereux, les tourbillons et les écueils.

Petites mares d'eau stagnante, hélas! un grand nombre des éducateurs de notre jeunesse à tous les degrés de la hiérarchie du savoir, et dont quelques-uns exhalent leurs miasmes de marécage dans les Conseils les plus élevés de l'Université, où ils représentent les méthodes stupides et condamnées, les pratiques conventuelles jalousement entretenues dans nos lycées et nos collèges.

Ah! que de mares on aperçoit sur ce sol pourtant délicieux et qui se fleurit en quelques jardins de plantes si puissantes et si nouvelles et si charmantes!

Ne cédons pas au pessimisme. Qu'un conseil ait été donné à la nation entière par un chef écouté de se convertir à l'hygiène d'action, de volonté et de savoir que tout autour de nous pratiquent les peuples travailleurs, c'est un symptôme heureux.

L'art de gouverner ne tient pas tout entier dans une formule de combat parlementaire. Il peut s'étendre aussi à provoquer le pays à se répandre, à cultiver ses forces, à s'enrichir et à se réformer.

IV

LE PROBLÈME BUDGÉTAIRE

Le 19 novembre 1909, au cours de la discussion général du budget de 1910, M. Cochery, ministre des Finances, expose la situation financière depuis trente ans; il déclare que les impôts nouveaux proposés sont susceptibles de modifications, se montre favorable au principe du monopole de l'alcool et des assurances, et affirme sa volonté de faire adopter l'impôt sur le revenu. M. Lasies, qui a présenté, le premier, une motion tendant au rejet en bloc des impôts nouveaux, déclare qu'il ne songe pas à renverser le gouvernement, mais veut seulement amener la Chambre à se prononcer contre la surtaxe sur l'alcool. M. Briand déclare ne pouvoir accepter de pareilles transactions. Finalement, M. Lasies retire son ordre du jour. M. Cochery proteste; la Chambre vote alors à l'unanimité le passage à la discussion des articles, étant entendu que le gouvernement donnait à ce vote la même signification qu'à l'ordre du jour pur et simple demandé par lui.

Des courants violents, dont l'un a pris la vitesse et la forme d'un cyclone et a failli tout emporter, ont mis l'état atmosphérique de la Chambre en pleine dépression. La majorité obtenue par la R. P., les votes répétés par lesquels, coup sur coup, elle condamnait le scrutin d'arrondissement, puis le scrutin de liste tout nu, sans la R. P., l'intervention excessive du Président du Conseil provoquant un revirement général, tout cela a mis les esprits dans l'illogisme et le désarroi [1]. Et il semble que nul parti n'y échappe pour l'instant. On a pu le constater à propos de la discussion du budget. Plusieurs orateurs se sont prononcés contre les moyens d'équilibre proposés à la fois par le gouvernement et la commission du budget. Et, profitant du désordre général, certains ont pensé le faire condamner dès maintenant, avant même qu'on ait fixé les chiffres des dépenses.

Il s'agit de créer deux cents millions de recettes nouvelles. M. Georges Cochery, dès son arrivée au ministère, par un souci de haute probité politique qui lui a attiré de justes louanges, a déclaré qu'il ne se contenterait pas d'un équilibre artificiel, ni à plus forte raison d'un budget en déficit, qu'il mettrait le Parlement en face d'une situation précise. Il a tenu parole. Il a proposé une série de taxes et d'impôts nouveaux dont le rendement correspond à deux cents millions de francs. C'est le chiffre du

---

1. Séance du 8 novembre 1909.

déficit constaté par le ministre et reconnu par la commission.

Parmi ces taxes et impôts nouveaux, en est-il de bons ou de mauvais?

La discussion aura pour effet d'éclairer là-dessus le jugement de la Chambre. Mais vouloir, dès maintenant, les condamner, c'est là un procédé dangereux. Dangereux autant pour les députés que pour le gouvernement. Celui-ci ne pourra l'admettre ni dans la forme, ni dans le fond. Il est sans exemple qu'on ait écarté ainsi de parti pris l'examen d'une situation budgétaire, Car, de quelque couleur qu'on veuille parer cette magnifique attitude, elle n'est inspirée, à la bien regarder, que de la plus déplorable couardise. Un ministre rompant avec une suite de mauvaises pratiques dénonce à la Chambre une situation critique. Ceux qui ne veulent pas l'entendre pensent échapper à toute responsabilité. Ils crient à tue-tête : « Ni impôts, ni emprunts! » Croient-ils donc le pays assez sot pour ne pas s'apercevoir du mensonge dissimulé sous cette éclatante formule? S'il n'y a pas d'impôts nouveaux, le budget sera en déficit, et, comme il faut bien que les dépenses se paient, elles se paieront par des émissions d'obligations à court terme, c'est-à-dire par l'emprunt. Quand bien même on acclamerait le déficit, le déficit n'est qu'un mot, il s'inscrit nécessairement, mécaniquement dans la dette flottante.

Et ce fait n'est pas si difficile à constater que le pays ne le connaisse. Il apprendra aussi que les 200 millions de déficit dénoncés par M. Cochery sont un minimum, et qu'on a dérobé au budget des dépenses vraiment utiles, des dépenses productives, comme celles des travaux publics et des téléphones.

Si donc le gouvernement était renversé sur une thèse aussi ferme, aussi forte, aussi probe, qui donc oserait demain offrir à la Chambre la thèse inverse?

Quelles réductions réaliserait-on sur des augmentations de dépenses qui toutes, à quelques millions près, procèdent des lois votées?

Si un cabinet affrontait l'opinion, publique avec un tel programme, personne ne le prendrait au sérieux. Entendons-nous bien. Il est évident que nos méthodes financières actuelles s'écroulent. Faites pour la gestion d'un état simpliste et purement administratif, elles trahissent les volontés et le contrôle d'un état compliqué et industriel. Elles ouvrent les fissures, par lesquelles s'écroulent les finances publiques. Au lieu des douves cerclées de fer et que des hommes de métier s'efforcent de serrer tous les jours, ces cuves monumentales sont desséchées et disjointes. Nul ouvrier n'est à leur hauteur pour les manier et boucher leurs fissures.

En vain on demande des économies. Et quand il faut aller au fait, on découvre non pas

même des économies de bouts de chandelles,
mais un grattage misérable de salaires et de
fonctions qui aurait pour effet direct d'appauvrir
l'État en capacités, en dévouements, en hommes.
Ce n'est donc pas avec des manœuvres si indi-
gentes, auxquelles s'épuisent vainement depuis
de longues années des spécialistes de commissions, — je n'en veux pas médire, ayant beaucoup
d'estime et quelque commisération pour une
ténacité parfaitement inutile, — ce n'est pas
avec ces râpures d'argent qu'on rendra à nos
finances la vigoureuse élasticité que nous leur
avons connue jadis. Ce n'est pas ainsi qu'on
évitera le déficit. Je le répète, une refonte des
méthodes est nécessaire. Seul, elle donnera
ouverture à des réformes administratives, à des
procédés industriels, à des répartitions de tâche
en harmonie avec les règles scientifiques de la
vie des sociétés modernes. Mais de telles œuvres
ne s'improvisent pas. Elles ne conviennent pas
à une Chambre qui fait sa liquidation[1].

Celle-ci n'a que le temps de dévoiler en toute
franchise au pays le résultat de sa gestion.

Sans doute, l'aveu est cruel aux partis... à
tous les partis. Et que les Ponce Pilate de la
droite n'aillent pas tenter d'y échapper! Depuis
bien des années ils travaillent à cœur joie aux
coulages, aux surenchères et aux sabotages. Il

1. Cf. PIERRE BAUDIN, *Le Budget et le Déficit*, Paris, Ed. Cor-
nély et Cⁱᵉ.

n'est pas un rapporteur général du budget qui, en conscience, puisse témoigner en faveur de l'opposition dans le procès de la désorganisation des services publics.

L'habile démonstration de M. Lasies contre les impôts nouveaux ne trompera que ceux qui voudront bien se jeter dans sa nasse. Les électeurs seront plus sévères pour eux, puisqu'ils n'auront pas eu le courage de présenter et de défendre tel qu'il est le bilan financier de la législature.

RÉTROGRADATIONS

1

LA RELIGION NOUVELLE

La décision de M. Clemenceau interdisant aux fonctionnaires de prendre part officiellement aux cérémonies religieuses des fêtes de Jeanne d'Arc, à Orléans, en mai 1907, soulève de vifs incidents. Le Président du Conseil se montre d'abord inflexible sur la participation des troupes aux cérémonies de la cathédrale, et sur la présence des croix dans le cortège. De son côté, l'évêque d'Orléans déclare qu'il ne peut autoriser les fêtes religieuses qu'à un certain nombre de conditions, et notamment la non-invitation officielle des loges maçonniques. Finalement, l'accord n'ayant pu s'établir, la bannière fut présentée aux troupes devant l'Hôtel-de-Ville, au lieu de l'être comme autrefois devant la cathédrale, sans le concours du clergé.

On a suivi, sinon avec intérêt, du moins avec curiosité, les péripéties de l'incident soulevé par le gouvernement au sujet des fêtes de Jeanne d'Arc. Un instant, on a pu craindre que cette cérémonie, où le sens historique des Orléanais semble se subordonner tout à fait à leurs intérêts matériels, serait décommandée. Le gouvernement maintenait son veto à toute procession où ne serait pas admise la Loge maçonnique, et l'évêque, naturellement, refusait de prendre part à un cortège où les francs-maçons seraient admis. Ce refus de l'évêque ne semblait pas, en lui-même, émouvoir sérieusement les Orléanais. Il entraînait bien une modification importante de la fête traditionnelle en l'honneur de la glorieuse Lorraine. La bénédiction des évêques sous le porche de la cathédrale serait supprimée, et c'était, paraît-il, l'un des beaux effets de la journée. Mais M. Clemenceau avait lui-même pourvu à cette lacune. Les éléments civils et militaires seraient renforcés. Tous les fonctionnaires, qui d'ordinaire étaient libres de suivre la procession, devaient, cette année, la suivre par ordre supérieur et selon un protocole officiel. Enfin, suprême attraction, la musique de la garde républicaine était offerte aux Orléanais pour tout le cours de cette fameuse journée. Un instant, une nouvelle difficulté surgit entre le Président du Conseil et la municipalité. La fête de la célèbre Lorraine comporte des frais assez lourds. Par qui seraient-ils supportés? Par l'État, disait le maire, puisque c'est son ingérence dans nos affaires locales qui modifie un cérémonial arrêté depuis de nombreuses années, et dont la conservation n'aurait causé de tort à personne et était nécessaire à la prospérité commerciale de la ville.

M. Clémenceau aurait pu trouver dans un tel langage matière à une de ces discussions où sa logique et son esprit satirique aiment à s'exercer, pour la joie de ses auditeurs. Mais, outre qu'il se sentait à cette heure un peu humilié du rôle de maître des cérémonies qu'il s'était délibérément attribué, il eut conscience d'être en partie responsable du trouble dont souffraient les commerçants orléanais : il céda aux instances du maire.

Voilà donc toute l'affaire réglée. C'en était fini, pensait-on, de cette singulière histoire, digne des commentaires sagaces et modérés de l'honnête M. Bergeret. Brusquement, cette actualité rebondit, à la joie des journalistes à court de copie. Tout était remis en question. Sans évêque, pas d'étendard ; l'étendard est à la cathédrale.

— Pas d'étendard, dit le maire, pas de suisse, je veux dire : pas de Jeanne d'Arc. Sans ce précieux emblème, quel signe distinguera la procession de tout autre cortège ? D'ordinaire, le cortège se forme à la mairie et se rend à la cathédrale pour aller recevoir l'étendard des mains des prêtres qui en ont la garde. Mais cette année, que ferons-nous, où conduirai-je mes ouailles laïcisées et la musique de la garde républicaine ?

— Nous pourrions aller chercher M. le Préfet, insinua un adjoint ambitieux.

— C'est insuffisant, dit le maire ; et puis, le préfet ne représente pas Jeanne d'Arc.

— A moins que M. Clemenceau..., insista l'adjoint, décidément possédé de l'esprit infernal.

— J'ai mon idée, s'écria le maire, qui, tout de même, fut à cet instant accessible à la crainte d'une illustration ridicule.

Et, sans vouloir rien ajouter, M. le Maire reprit pour la dixième fois l'express de 4 h. 50 pour Paris. Il fut reçu à une heure tardive par le Président du Conseil. Les deux hommes s'enfermèrent et restèrent longtemps à délibérer. Quand la porte du cabinet du ministre se rouvrit, on put deviner à la pâleur de leurs visages, aux plis de leurs fronts, à la couleur d'acier de leurs regards, qu'ils venaient de partager la responsabilité d'une détermination terrible.

Un attaché de cabinet partit la nuit même pour Orléans, porteur d'instructions enfermées sous un quintuple sceau, à l'adresse du préfet du Loiret. Et le lendemain, au petit jour, les agents de la force publique, escortant le directeur de l'enregistrement, enlevaient de la cathédrale l'étendard de Jeanne ! Certains citoyens, emportés par leur ardeur belliqueuse, ont sans doute exagéré l'importance de cet acte, en disant que c'est la plus grande conquête de la

République sur l'Église, depuis la proclamation des droits de l'homme et du citoyen.

Mais, à coup sûr, c'est un trophée important, puisqu'il permettra au commerce d'Orléans d'accomplir sa procession selon les rites traditionnels, malgré l'absence du clergé.

Il n'y a plus maintenant pour nous, spectateurs attentifs de ce drame historique, qu'à bien nous rendre compte de ses conséquences. A cet effet, il est bon de lire la description de l'étendard, dont les couleurs et les peintures symboliques ont caractérisé la cérémonie réglée par M. Georges Clemenceau.

La voici telle que la donne un journal bien pensant :

« L'étendard de Jeanne d'Arc est une copie exacte du célèbre étendard du quinzième siècle, qui figura pendant plus de deux cents ans aux fêtes du 8 mai. En voici l'exacte description :

« Sur la face, la Vierge Marie, assise, tient sur ses genoux l'Enfant Jésus. Derrière, aux côtés de la Vierge, deux évêques, debout, mitre en tête et crosse à la main. Au premier plan, deux chevaliers armés en guerre, les vêtements fleurdelisés, sont à genoux, les mains jointes, adorant Jésus.

» Sur le revers de l'étendard, une vue générale d'Orléans, prise de la rive gauche de la Loire, à la tête du fameux pont dont on aperçoit la longue et curieuse perspective. En haut, des anges semblent protéger la ville que l'héroïne vient de délivrer. Au premier plan, des prêtres, des religieux, des personnages divers, en costumes du temps, prient à genoux. Çà et là, des écussons et banderoles portant diverses inscriptions. »

Méditons !

Ainsi, il ne faut pas s'y tromper, les républicains et les francs-maçons d'Orléans se font les courageux défenseurs de la grande loi historique qui préside à la fondation de toutes les religions. A travers les révolutions qu'elles subissent, à travers les distinctions du temps et des images, un enchaînement plus fort que tout persiste entre les cultes. Les prophètes et les apôtres ordonnent que les dieux soient brisés, que leurs autels soient renversés et que, sur ces ruines, le culte nouveau soit édifié. Mais le peuple en se convertissant ne peut changer son idole ni renoncer à toutes les traditions qui illustraient sa vie. Il garde ses fêtes. Chaque printemps, il demandait à Cérès de prendre sous sa protection les tendres pousses de la moisson. En adoptant la loi du Christ, il n'entend point renoncer à la coutume charmante qui associait au culte de la déesse la jeunesse, vivant symbole de promesses et de joie. Et il a continué à promener à travers les champs de mai la déesse dont le geste bienveillant le rassure. Seulement, ce n'est plus Cérès, c'est la Vierge. De même pour Jeanne.

La Séparation est faite, et les citoyens de la République entendent bien s'émanciper de la tutelle des prêtres de Rome.

Mais vienne le jour consacré aux anciens dieux et qui appelait dans la cité une grande affluence favorable aux libations en commun et fructueux pour les rôtisseurs et les marchands d'amulettes, vite on court au temple délaissé, on en tire l'image de la déesse. Et le cortège se déroule selon l'ancien rite, avec une pompe non pareille, aux accents de la musique de la garde et sous la direction des francs-maçons, les seuls qui, parmi les laïcs, aient conservé la juste notion des fastes et le secret des cérémonies où la mystérieuse ordonnance des couleurs et des lignes impressionne l'âme des foules. La religion nouvelle est fondée.

II

CONTRE L'ÉGLISE DE FRANCE

En octobre 1908, un débat s'ouvre dans la presse autour d'une circulaire de la cour de Rome interdisant aux prêtres la fréquentation des Facultés de l'État. L'autorité ecclésiastique déclare que cette circulaire est vieille d'une année.

Une bien intéressante polémique entre notre distingué confrère, M. Julien de Narfon, et une haute personnalité ecclésiastique. M. Julien de Narfon a révélé dans *le Figaro* l'existence d'une circulaire du cardinal Merry del Val, ayant pour objet d'interdire aux clercs et aux prêtres la fréquentation des Facultés de l'État. La défense était grave. *Le Temps* voulut en avoir la confirmation. Il reçut d'une haute personnalité ecclésiastique une lettre et plusieurs interviews qui, sous une forme un peu imprécise, tendaient à nier l'interdiction absolue, mais avouaient une interdiction relative. M. de Narfon maintenait son dire.

La haute personnalité tenait au sien : le Vatican avait rappelé une circulaire de 1907 aux évêques sans l'aggraver ni l'atténuer, — rien de plus.

La contradiction aurait pu durer longtemps, car le rédacteur du *Figaro* n'en démordait point et le monde serait resté dans une quasi-incertitude tout en accordant plus de crédit au journaliste qu'à l'homme d'Église, à cause de la très grande vraisemblance de sa thèse.

Or, voici que, par une heureuse initiative, *la Croix* vient de verser aux débats toutes les pièces du procès.

Et devinerez-vous celui à qui elles donnent raison? Ne vous hâtez pas. Réfléchissez. — « !Au journaliste? » Oui, mais pas tout à fait. — « A la haute personnalité ecclésiastique? » Aussi, mais moins qu'au journaliste. — « C'est donc bien confus? » Non, c'est même très clair. — « La vérité ne s'accommode guère de ces singularités! » Pouvez-vous ainsi parler quand il s'agit d'une vérité d'Église? Jugez-en vous-même.

La circulaire du 10 octobre 1907 met en garde les évêques contre la pratique des inscriptions aux Facultés de l'État. Elle menace la saine doctrine et compromet l'avenir des Facultés catholiques. « Sauf de très rares exceptions, la préférence doit être donnée aux Facultés catholiques. » En cas de nécessité, les évêques pourront donner des autorisations, mais « ils se montreront particulièrement difficiles à donner cette autorisation *pour les cours les plus sujets à devenir dangereux tels que ceux d'histoire, de philosophie et de matières similaires...* »

Ainsi, la pièce principale donnait raison à la haute personnalité. A M. Julien de Narfon, qui disait : « Le pape vient d'interdire l'entrée des Facultés de l'État », elle répondait : « Il s'agit d'une circulaire de 1907 que le cardinal Merry del Val vient de rappeler aux évêques. » Et cela est vrai. Mais la véracité de la parole ecclésiastique s'arrête là.

En effet, si M. Merry del Val a cru nécessaire de faire ce rappel, c'est que les évêques français avaient interprété la circulaire de 1907, et usé de leur droit d'autorisation d'une manière trop large.

Voici, en effet, que le secrétaire d'État du Vatican a précisé la pensée pontificale dans une lettre au recteur de la Faculté catholique d'Angers. L'exception prévue par la circulaire de 1907 doit être très rare... si rare, sans doute, que désormais les évêques, de peur de se tromper, ne la reconnaîtront jamais.

— Ah ! ces exceptions de confessionnal, ces cas de conscience cléricale !

Maintenant, quelle curiosité peut bien rester insatisfaite en cette affaire ? Voici : l'an dernier, nous savons qu'il y avait encore un certain nombre de clercs, prêtres ou religieux inscrits dans les Facultés de l'État.

Combien y en a-t-il cette année ?

Le Temps a obtenu sur ce point de la haute personnalité ecclésiastique — qui sans doute ne réside pas loin du boulevard des Italiens — des éclaircissements complets. « L'observation de la circulaire éloigne des Facultés de l'État *la plupart* des étudiants ecclésiastiques. » *La plupart!* C'est un euphémisme très excessif. En effet, le personnage ajoute :

« Dans certaines villes, tous les jeunes prêtres qui voulaient obtenir des grades universitaires étaient envoyés à l'Université de l'État. Je pourrais vous citer une ville de l'Est où vingt-six étudiants ecclésiastiques suivaient l'an dernier les cours laïques. Ces vingt-six prêtres ont, naturellement, abandonné ces cours laïques. Il en est de même dans maintes régions. » *Maintes régions!* Quelles sont les régions où il n'en serait pas de même, celles dont les évêques se mettraient en rébellion contre l'ordre du secrétaire d'État du Vatican ?

Concluons. M. Julien de Narfon a dénoncé un fait absolument vrai... Et l'Église de France, dans sa rapide agonie, vient de recevoir l'un des coups les plus rudes qui lui aient été portés depuis la Séparation. Elle cherchait à conserver quelque lien avec l'intelligence française. Elle se préparait une élite en rapport avec la culture française. Le pape le lui défend.

De profundis !

III

L'AGITATION DES ÉVÊQUES

A la fin de septembre 1909, l'épiscopat français lance un manifeste collectif dirigé contre un certain nombre de manuels utilisés dans les écoles. La Fédération des instituteurs répond en assignant chacun des évêques et archevêques signataires de ce manifeste. En octobre, M. Turinaz, évêque de Nancy, préconise la constitution d'un *Parti des honnêtes gens de France*; de son côté, M. Germain, archevêque de Toulouse, prend l'initiative d'un projet d'entente exclusivement catholique. Ces manifestations ont à maintes reprises leur répercussion à la Chambre, notamment le 26 novembre 1909, où M. Briand demande aux catholiques français de placer leur devoir de Français avant leur devoir de catholique et en janvier 1910 où le débat sur l'école laïque dure une semaine; il se termine le 24 janvier par le vote d'un ordre du jour de confiance au gouvernement.

A mesure que nous nous approchions de la date des élections, il était facile d'apercevoir l'agitation croissante dans les rangs du haut clergé catholique. Ce furent d'abord des prêtres à camail, confidents et collaborateurs des prélats, qui confièrent indiscrètement aux journaux leur opinion sur le rôle des catholiques dans la lutte électorale. Puis ce fut une parole nette, audacieuse et combative, celle de l'évêque de Toulouse qui adressa aux catholiques le plus pressant appel pour former un parti. Un parti catholique ! A vrai dire, ce parti existe. Il existe depuis bien longtemps. Il s'est organisé voilà un siècle. Au lendemain de la Restauration, quand Louis XVIII, comprenant que nulle volonté humaine ne peut remonter le cours des temps, s'efforçait de concilier les traditions monarchistes avec l'état de choses créé par la Révolution, il se heurtait à un parti aveugle, violent, terroriste et cupide. Ce parti était dominé par un certain nombre de nobles émigrés, qui ne pouvaient pardonner au destin... ni aux princes les humiliantes promiscuités et les défaillances trop humaines de l'émigration, la ruine morale de leur race, plus profonde et irrémédiable que celle de leur fortune. Mais ce groupe d'ultras farouches eût été sans force s'il n'avait eu pour théâtre de ses intrigues que le cénacle de la duchesse d'Angoulème. Aux premiers jours, il fit appel à l'armée disciplinée et riche de sang populaire que l'Église catholique recrutait à son service sur tout le territoire.

Les prêtres qui la conduisaient, eux non plus ne pouvaient pardonner ni à la Révolution la constitution civile du clergé, ni à l'Empire le

Concordat. Car le Concordat, dans la pensée de Napoléon, avait été, dans l'ordre religieux, un instrument de paix et de conciliation, comme dans l'intention de la royauté de 1815 la Charte était le trait d'union entre la monarchie et la société moderne.

Les effets de la lutte entreprise et soutenue par le catholicisme contre le gouvernement du roi, contre les libertés et les garanties constitutionnelles, ont soumis la Restauration à des épreuves ininterrompues.

Commencée tandis que les armées de la Sainte Alliance occupaient le sol de la patrie, elle a sans cesse traversé les desseins du duc de Richelieu, provoqué les crimes inexpiables de la Terreur blanche, porté les premiers débats parlementaires au paroxysme de la passion, semé la discorde autour du trône, et préparé les voies aux folies de la contre-révolution, qui devaient nécessairement aboutir à une nouvelle Révolution.

Sous le règne de Louis-Philippe, que fait le parti de la légitimité catholique ? S'efforce-t-il de rester lui-même, est il le parti d'un principe, le parti de la conservation sociale, de la tradition monarchique ? Ses troupes ont été décimées par sa faute ; par son intransigeance, il a rendu inconciliable la doctrine de la royauté fleur de lysée et l'esprit de libre examen qui a fait rayonner l'âme française à travers tous les temps. Il a fondu en une seule et inséparable unité la légitimité et la foi intolérante de Rome. Il s'est imposé, plus encore que la doctrine, la méthode d'action et de destruction qui est au fond du catholisisme, et qui faisait apparaître le christianisme aux yeux de Marc-Aurèle comme incompatible avec l'existence d'un État organisé et gouverné par des lois.

Il s'est donc tout de suite dressé en face de la royauté usurpatrice de 1830, non point drapé de dignité et de mépris, non point recueilli et maître de soi, mais asservi à toute espèce d'opposition, résolu à toutes les combinaisons, à toutes les transactions, même les moins honorables, les plus anarchiques. Il s'est ligué avec la rue. Il a mis sa main blanche dans la main rouge de sang de la conspiration. Ses orateurs furent, selon le mot admirable de Lamartine, des *condottieri* de tribune, toujours frémissants pour l'assaut. Cet instinct de bataille à outrance, cette fermentation démagogique, cet appel à toutes les forces de la nature, à toutes les passions des hommes contre l'ennemi à l'intérieur, ne peut avoir qu'une source, qu'une légitimation de conscience... C'est une religion étrangère et indifférente à la paix civile et au sort de la patrie.

La Révolution de 1848 eut donc parmi ses artisans ces ultras impénitents et farouches, les catholiques légitimistes. Pour eux, selon le mot de Barbey d'Aurevilly, le catholicisme est la monarchie de Dieu.

Il n'est de droit de vivre pour un gouvernement que s'il accepte d'être gouverné lui-même
par cette monarchie de Dieu, c'est-à-dire par la
monarchie du Pape.

La campagne contre la République romaine
vient du reste donner à cette religion politique
sa plus haute signification. Elle prévient les
peuples qu'elle a enfin une armée à son service,
et quelle armée? La plus belle armée, l'armée
qui s'est couverte de gloire en Algérie.

Tandis que la démocratie s'égarait dans les
conceptions chimériques de la fraternité universelle, le catholicisme politique travaillait
allégrement pour son propre compte. Il colla-
borait à la préparation du coup d'État, non point
certes ouvertement, à cause des risques, mais
en attisant la peur au cœur des campagnes.

Le règne de Napoléon III a été son règne.
Jamais il n'a été plus fort que pendant ces années
où l'âme française a été travaillée par les pires
ferments de dissolution.

Au lendemain de la guerre de 1870, la trêve
que le deuil de la nation imposait à tous est
vite rompue par le parti de la légitimité catholique. Il avait cependant un instant hésité
sous l'influence de quelques hommes qui, du
spectacle des champs de bataille et des épreuves
de la guerre civile, avaient rapporté le souci
d'un devoir nouveau, celui de faire une France
moderne, travailleuse et unie. Mais l'inévitable

logique de sa doctrine l'emporte bientôt sur les scrupules. Il reprend les anciens travaux de mine qu'il avait creusés sous le trône de l'orléanisme. Et cette fois encore la mine éclate. C'est Thiers qui saute. Puis ce sont les intrigues, les conciliabules, les démarches qui échouent misérablement contre la résistance d'un prétendant honnête homme et qui ne veut pas conquérir ses droits en reniant son drapeau.

Mais le parti catholique ne renonce pas à la lutte. Il se servira durant trente ans de toutes les circonstances favorables pour attaquer la République. Jamais il n'abdiquera. Au Parlement, des *condottieri* de tribune uniront leurs voix à celles des oppositions pour détruire Gambetta et Ferry. Dans le pays, il y a, dans chaque prêtre, un militant qui décrie les institutions et les lois, qui ensemence la terre de discordes familiales, qui transforme la chaire en tribune politique, qui se fait agent électoral, qui sacrifie la dignité du sacerdoce à la fureur de la croisade. Chaque village est le théâtre d'une guerre à l'infidèle. Mais chaque rencontre est pour le parti catholique un échec. Et telle est la patience de ce peuple, son indulgence souriante, tel est son goût pour la paix et la tradition, qu'il conservait encore le respect des rites.

Si l'Église, qui en Allemagne et aux États-Unis a consenti à tant d'accommodements, avait eu le sens du caractère français, elle aurait été indéracinable de notre sol. Mais elle a été conduite le plus souvent par des papes profondément ignorants de la vie française, ou bien, quand elle a eu la chance d'avoir à sa tête un politique subtil et intuitif, elle a connu le supplice des armées malchanceuses où la pensée du chef est l'objet d'une glose malveillante et d'une obéissance hostile. Un clergé brutal, d'allure grossière, à la parole provocatrice, a ainsi trahi les instructions de Léon XIII et rendu probable, selon le développement logique de l'histoire, l'avènement d'un pape ultramontain, inhabile, ignorant et simple, capable enfin d'imposer aux catholiques français l'héroïque résignation à l'inintelligible.

Le parti catholique n'a donc pas cessé d'exister.

Au temps du Concordat, il était anticoncordataire. Sous le régime de la Séparation, il est concordataire. Il aurait trouvé dans la loi de Briand des armes d'une souplesse et d'une variété inépuisables. Il les a refusées parce qu'il est possédé de cet esprit de destruction qui, lorsqu'il ne peut s'exercer sur les autres, s'exerce sur lui-même.

Il est du reste et depuis longtemps inoffensif, j'entends par là qu'il a perdu son efficace et sa vertu d'action directe. Mais il ne saurait nous être indifférent pour deux raisons.

La première est qu'il ne recule devant aucun

moyen et qu'il est capable de nouer son jeu à celui des pires adversaires de la paix sociale; qu'il a pu et qu'il pourra toujours profiter de l'instabilité ou de l'insécurité que le laborieux enfantement des forces nouvelles fait encourir aux démocraties; qu'il a su et qu'il saura toujours utiliser pour ses desseins les mouvements passionnels et confus qui, à certaines heures, emportent la foule vers l'inconnu.

La seconde raison est que le parti catholique, par ses accès d'intolérance, par son obéissance à une pensée étrangère, de plus en plus étrangère à la conscience de ce pays, est provocateur d'intolérance. Rien n'est plus contagieux que l'intolérance, surtout chez un peuple qui pendant des siècles a reçu l'empreinte catholique, et qui, dans son effort pour s'affranchir, cède encore à l'esprit catholique en employant trop souvent ses procédés de combat.

Il suffit de passer en revue l'histoire des quelques dernières années pour recueillir les témoignages de cette lutte qui partage notre conscience nationale entre notre doctrine philosophique et notre origine de latinité religieuse.

Ce sera l'un des actes qui nous honoreront le plus aux regards de l'avenir que la Séparation telle que nous l'avons voulue, favorable aux cultes, plus favorable à l'Église catholique qu'à toute autre, puisqu'elle la confirmait dans l'occupation de la plupart des édifices religieux. Le

dernier discours qu'en réponse à l'abbé Gay-
raud, le 26 novembre, Briand a prononcé sur ce
sujet, fut l'un de ses meilleurs, l'un de ceux où
il a su donner à sa pensée la plus haute tenue.
Il a rappelé les caractères de la loi qui portera
son nom. Loi d'équité où est déposée la doctrine
de la liberté religieuse, loi qui garantit à l'Église
le respect de la hiérarchie, la jouissance des
sanctuaires, la jouissance des biens.

C'est en toute vérité qu'il a pu affirmer que
si l'Église a perdu tous ces avantages, ce n'est
pas la faute du législateur français. Tout le
monde sait du reste, aujourd'hui, quelles influences, quels conseils ont déterminé le pape à
sacrifier tous ces biens matériels et moraux.

Mais si la voix d'un souffleur d'orgue et les
démarches de quelque chicaneau fanatique ont
triomphé, au Vatican, des vœux de l'immense
majorité de l'épiscopat français, fortifié de la
prière des cœurs laïcs les plus fermes et les plus
nobles, c'est qu'au fond elles s'accordaient avec
l'arrogante fierté de la puissance politique de
Rome.

Ce que Rome voulait, ce n'étaient pas des dispositions légales plus ou moins favorables à
l'exercice du culte, c'était la génuflexion préa-
lable du gouvernement des gentils.

Le pays a parfaitement compris les mobiles
de Pie X. Il a deviné le chagrin du clergé français, et, sans le partager, il lui en a tenu compte

pour lui pardonner d'avoir dédaigné la loi, mais il a assisté, pour cette raison, à la débâcle de l'organisation ecclésiastique comme à une chose fatale, en harmonie avec le cours nécessaire des choses qui emporte toujours avec lui, dans l'ordre physique comme dans l'ordre moral, une certaine proportion de cataclysme.

Maintenant, l'agitation des évêques n'a plus qu'une importance relative. Si nous devons la surveiller, elle ne saurait nous détourner un seul moment de nos intentions, de nos devoirs et de nos voies. Soit qu'elle prenne la forme de la propagande électorale, soit qu'elle menace l'école laïque, prenons garde qu'elle ne nous fasse commettre des actes qui ne seraient pas le résultat de nos volontés antérieurement arrêtées. N'oublions pas que la guerre avec le cléricalisme fut une chose nécessaire et qui nous fut imposée, mais qu'elle nous a pris du temps et de l'énergie dont l'emploi à d'autres fins nous eût permis d'accomplir des progrès infiniment souhaitables.

Aujourd'hui que l'adversaire est à bout de forces et ne peut produire un effort nuisible, ne faisons pour repousser ses attaques que le minimum de lois et d'efforts politiques. Rien ne m'étonne davantage que de constater chez quelques républicains l'amplification soudaine du sentiment anticlérical. Cette obsession est telle qu'ils prennent depuis quelques mois une âme d'assiégés. Ils réclament des remparts, des forteresses, des tours et des catapultes.

Vingt-cinq années de conquêtes ininterrompues, que la maladresse et les fautes de nos adversaires nous ont values autant que nos propres travaux, la confiance de nos troupes, la lassitude des autres ne sont-elles pas capables de nous rassurer?

Est-il donc si difficile de faire contrepoids à l'autorité de M. Turinaz, évêque de Nancy, ou de M. Germain, évêque de Toulouse, auprès de la masse?

Combien il serait plus sage et plus conforme à la direction des sociétés modernes de faire appel à nos initiatives, de compléter nos œuvres d'éducation !

Les prêtres ne se bornent pas à attaquer les manuels. Vous pensez bien qu'ils n'attribuent pas tant de diabolisme à quelques phrases plus ou bien moins venues, à quelques aphorismes déposés au creux d'un livre de morale, et dont la seule critique sérieuse qu'on en peut faire est qu'ils ne sont pas à la portée des enfants de sept ans.

Mais c'est, de la part des évêques, la diversion électorale et tapageuse à une campagne beaucoup plus serrée et plus habile. Je veux parler de l'œuvre des patronages, à laquelle ils sont parvenus à donner un développement immense. Contre les patronages catholiques il n'y a pas d'autres recours que les patronages et les post-scolaires laïcs. Aux œuvres de liberté de nos adversaires opposons nos œuvres de liberté, mais mettons dans les nôtres plus de soins, plus d'intelligence, plus de science et plus d'art.

Science et art, voilà les deux instruments avec quoi doivent se modeler les âmes de la jeunesse française et moderne. Ils sont propres à dresser des hommes courageux, dégagés des routines, équilibrés, appliquant leur sensibilité aux sentiments de la solidarité nationale et humaine. Faisons des citoyens vraiment libres et capables de soutenir l'idéal français dans le tumulte de la concurrence universelle, où le bruit des armes se mêle aux bruits de travaux pacifiques.

Nous nous sommes heureusement dégagés des contraintes et des craintes du cléricalisme. Il ne s'agit plus de nous réfugier derrière les lois nouvelles; nous voici sortis des murailles et des tranchées. La plaine nous est ouverte. Déployons nos troupes sous leurs couleurs pour les conquêtes nouvelles.

TABLE DES MATIÈRES

Paris. — Typ. Philippe Renouard, 19, rue des Saints-Pères — 2559.

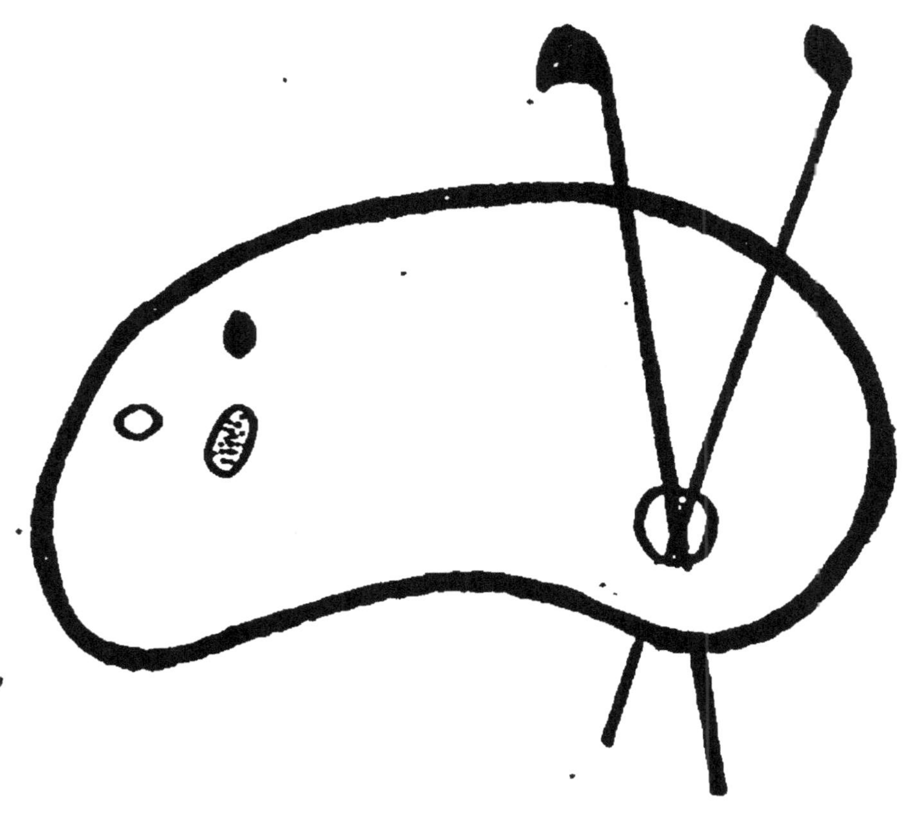

ORIGINAL EN COULEUR

NF Z 43-120-8